超常教室ケルマデック

【パワーアップ版】日本人のスゴイちから

ケルマデック
マンガ　たっぺん

徳間書店

プロローグ
世界は
一つではない
たくさん
存在する
それが
パラレルワールド
なのだ
タタン
タタン……
タタン
タタン……
CJK-09
これからみなさんは
超時空列車に乗り
無限に存在する
パラレルワールドの
一つを
体験するのだよ……
タタン
タタン……

タタン
タタン…
キラッ
タタン
タタン…
さあ……

……地球人になるのです……

超時空列車

ビー坊が不思議な夢から目覚めると、そこは列車の中でした。
「あれっ　ここは……？　列車の中⁇　いつの間に……」
アニメイトのケルマさんが言いました。
「ぉお、ビー坊よ。目が覚めたのか」
「ケルマさん。ここ、列車だよね？　おいら、いつの間に列車に乗ったのかな？
よく覚えてないんだけど……」
「じつはだな、ビー坊よ。私もまったく記憶がないのだ。
気がついたら、この列車に乗っていたのだよ。窓の外を見ても真っ暗だし、どこを走っているのかもわからん。何か、覚えていることはないかね？」
「うん……目覚める直前に、巫女《みこ》さんみたいな女の人が……　〝地球人〟って言ってたような……なんか、そんな夢を見たんだけど……」
「その夢なら、私も見たぞ！　巫女さんだった。地球人がどうとか……」

その時でした。唐突に列車の車掌が現れて、こう言ったのです。
「残念なお知らせがあります。
つい先ほど、人類は絶滅しました」
「は？」
「え？」
車掌は、凛とした無表情の少女でした。
「もう一度言いますね。つい先ほど、人類は絶滅しました」
ヨロヨロと、力なく崩れ落ちるケルマさんです。
「……つ、ついに来るべき時が来てしまったのか……！」
「えっ？　ケルマさん、コレ信じる派なの？　いやいやいやいやいや！　オイラ信じないからね!!!　てゆーか、オイラに断りもなく絶滅だとぉ！」

少女の車掌は、無表情のまま続けました。
「正確には、世界の一つとでも申しましょうか。
ここは、無数の過去と無数の未来が交差する、超時空列車の中です。

未来世界の一つにおいて人類は絶滅しましたが、この超時空列車の中では、まだ未来は確定していません。

この列車は、地球偶然管理局、通称ＥＣＣＯによって建造されました。
申し遅れましたが、私は、ナビゲーターのリタと申します」
ケルマさんが咆哮《ほうこう》しました！
「なにっ！　ＥＣＣＯだと！」

リリー博士

１９６０年代、脳神経学者のＪ・Ｃ・リリー博士は、アイソレーションタンクという特殊な装置と薬物を使い、異次元世界に接触するという実験を行ったのでした。
リリー博士は著書『意識の中心』の中で、この世界を超時空的に管理している異次元存在がいると主張し、地球偶然管理局（ＥＣＣＯ）と呼んだのです。
そして博士は、その実験の最中に、「地球の未来を見た」と主張したのですな。

リリー博士が見た未来の地球では、進化したコンピュータネットワークが地球を包み込んでいました。戦争と環境汚染によって生命力が衰えた人類は、自我に目覚めたＡＩによって管理されていたというのです。

やがて人類は絶滅し、進化したＡＩは、地球上の有機生命体を核によってすべて消滅させ、地球を宇宙船に改造して、外宇宙へと旅立ったのでした。

宇宙の知的生命体に遭遇するために。

当時の人々は、リリー博士の行った実験を妄想と判断したのですな。

しかし、リリー博士が語った通り、今の世界はコンピュータネットワークに管理されています。今や人類はコンピュータに依存し、自らの生殺与奪や感情までも、ＡＩに管理させているのですよ。

シュレーディンガーの猫

ビー坊が言いましたね。

「ＥＣＣＯが作ったのが、この列車……ＥＣＣＯって、何なんだろ？」

ケルマさんが、リタに言いました。
「君はさっき、人類は絶滅したと言ったね。しかし、未来はまだ確定してないとも言ったよね。ならば、人類が絶滅してない未来もあるわけだね？」
リタは、無表情のまま答えたのでした。
「はい、その通りです」
「ふ〜む……どうやら我々は今、《シュレーディンガーの猫》状態にいるのかもなのだよ」
シュレーディンガーの猫とは、量子力学では有名な思考実験の一つなのです。
「つまり、たくさんの可能性世界があり、観測者によって世界が変わるのかもだよ」
「てえことは……ケルマさん？」
「我々は、シュレーディンガーの猫なのだ！　我々が新しい考えや認識を持つことで、

人類の未来は変わるかもしれないのだ！」

「うひゃあ！　そうなの？　だったらおいら、がんばるよ！」
「もっと仲間が必要なのだ！　新しい世界に向かう志を持つ者、超常戦士が！」

『シュレーディンガーの猫』とは？

シュレーディンガーの猫？？ って？？
うん 量子力学の世界では有名な思考実験なんだけどね

外からは観察できないフタ付きの箱の中に
・「猫」と
・「1時間以内に50%の確率で崩壊する放射性原子」と
・「原子の崩壊を検出すると青酸ガスを出す装置」を
入れるわけです
ネコ
ニャー
1時間以内に50%の確率で崩壊する放射性原子
原子の崩壊を検出すると青酸ガスを出す装置
H-CEN
さてこの実験で1時間後に猫はどうなるのか？

1時間後には「生きている状態と死んでいる状態が半分ずつ重なり合った状態の猫」という奇妙な状態になるのではないか？
……とシュレーディンガーは提案したのですよ
生きている可能性もあれば死んでいる可能性もある…
確定できない…
フタをあけるまでは
ドキドキ
しかし観察するまでは生きているか死んでいるかわからないという
不思議な状態が量子世界ではありえるのですよ

量子力学の世界では観測者によって世界の状態が決まるというのです
ミクロの量子世界でおきていることをマクロのぼくらの世界でたとえたときに生じる矛盾を
ふよ
この思考実験はたとえているんだよ〜
ふよ
しかしこの問題に対する解答はいまだにわかっていないのですよ
つまりたくさんの可能性世界があり観測者によって世界が変わるってわけだよ
へぇ〜!!

リタが、無表情なまま言いました。

「はい。その点はご心配なく。すでにこの列車へ召喚しています」

車両のドアが開き、そこにはよく知っている者たちの顔があったのでした。

「き、君たちは」

作家の青いターミネーター！

ケルマ楽団のクラウズさんとスーパーさん！

マンガ家のたっぺんと、たっちゃん！

ディズニー博士の加賀屋さん！

青いターミネーターが、ボソッとつぶやきました。

「リタさんから説明を聞いたんだけどさ。ほんとに明日死ぬかもよ？」

スーパーさんが言いました。

き……
わらーわら
わー!!
君たちは!?
名言セラピストの青いターミネーターに
わー! ここどこ? 宇宙!?
ドリプラジオのたっちゃんに超常マンガ家のたっぺん!
いつでも演奏できますよ
ケルマ楽団のスーパータカオさんとクラウズさん!
コクコク
あっケルマさんだっ
ビー坊さんもいるー!!
ディズニー博士加賀屋《かがや》さんまでいるではないかっ!!
こーんにーちはーっ!!

「ですよね～」
　クラウズさんが荒れました。
「ムキ～ッ！　どいつもこいつも！　自分のことしか考えてない連中ばっか！　こんなんだから、人類が滅びるのは当然だよっ！」
　加賀屋さんが、ほろほろと涙を流しました。
「僕は……ディズニーを研究し尽くすまでは、死ねないなあ」
　たっぺんとたっちゃんが言いました。
「人類が絶滅するなんて、いやぁああっ！　人類はきっと、素晴らしい方に向かうよっ！」
「ムキ～ッ！　きれい事ばっかりだよっ！　人類ダメダメだよっ！」
「なんだと～っ！」
「こんにゃろ！　こんにゃろ！」

　リタが無表情に言いました。
「みなさん、とても感情豊かなのですね。とくにクラウズさん」
　ケルマさんは、リタにこう言ったのでした。
「感情の豊かさ、喜怒哀楽は、人間の生命力だと私は考える。最近はネットやコンプライアンスによって、すべてきれい事にカットされているがね。例えば昭和の歌などは、めちゃくちゃ感情が濃いのだ。
リタよ。君は、あまり人に接したことがないのかな？」
「はい、今まで、まったく接したことはありません」
「喜怒哀楽は生きる喜びだ。嬉しいことも悲しいことも怒りもだ。
ちょっと笑ってみてほしいのだが、良いかな？」
「はい？」
「ちょっと笑ってごらん」
「こ、こうですか？」
にま〜
「うむ、良い笑いなのだ。君は人間だ」

シュレーディンガー・メーター

リタが思い出したように、言いました。
「そうだ……ビー坊さん、あなたに託したいものがあります」

「おいらに？」
リタは、時計のようなものを、ビー坊に見せたのでした。
「これはシュレーディンガー・メーターです」
「シュレーディンガー・メーター？」
「はい。現在、この列車内のシュレーディンガー・レベルはゼロです」
「シュレーディンガー・メーターの数値がプラスになれば現実世界への干渉が強くなり、マイナスになれば虚数……つまり虚構レベルが強くなります。

シュレーディンガー・レベルゼロは、どんな未来も選べるレベルなのです」

「レベルが高くなればなるほど、未来が現実化しやすい……ということかな？」
「そうなりますね。ビー坊さんには、このメーターのチェックをお願いしたいのです」
みんなが叫びました。
「ビー坊よ！　世界の命運は君にかかっているのかもしれないぞ！」

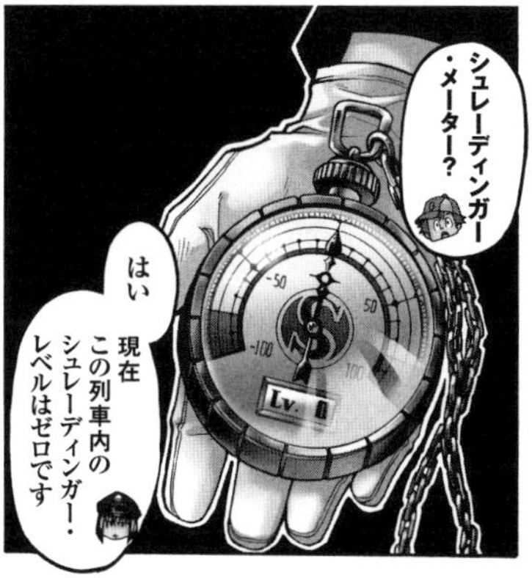
シュレーディンガー・メーター？
はい
現在 この列車内の シュレーディンガー・レベルはゼロです

「頼みましたよ　ビー坊さん！」
「ビー坊さん　よろしく！」
「よっ……よーし！　おいら、責任持ってがんばるっすよ！
シュレーディンガー・メーターのことは、おいらに任せておくれっ！」
そして、ケルマさんは咆哮《ほうこう》したのでした。

「みんなで、新しい世界に行くのだっ！」

漆黒の空間を、超時空列車は疾走します。
窓の外を見ながらビー坊は、ずっと考えていました。
……リタの言ったことなんて、おいらは絶対信じない。
だいたいECCOって、何なんだよ？
そういえば、ケルマさんが言ってたなあ。
今まで、いろんな霊能者や超能力者が、人類絶滅や破滅の予言をしてきたけど、すべてハズレてるって。

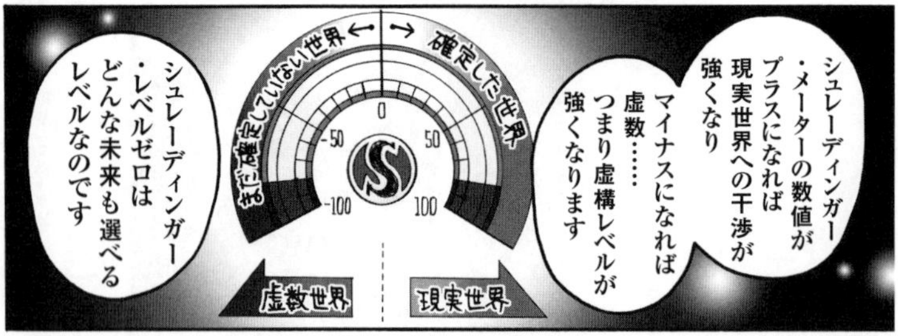
シュレーディンガー・メーターの数値がプラスになれば現実世界への干渉が強くなり
マイナスになれば虚数……つまり虚構レベルが強くなります
まだ確定していない世界←
→確定した世界
0
-50
50
-100
100
虚数世界
現実世界
シュレーディンガー・レベルゼロはどんな未来も選べるレベルなのです

……ケルマさんが言うには、ハズレるのが良い予言者ということらしいんだよね。
なんでかってゆーと、予言とは、悪い未来を回避するのが目的だから。

……人類絶滅の予言ってのは、つまりアラート。

警告だよ。

赤信号とおんなじだ。おいらたちを助けてくれようとしてくれてるってことだよね。
……アラートってぇことは、今ならまだ間に合うってことだよね？
おいらたちが何かに気づいたり、何か行動したら、未来が安全になるってことだよね？
あのＥＣＣＯってのは、おいらたちに、

ヤバい未来を回避させようとしてるに違いねぇ！

ビー坊は、思わず叫んだのでした。
「ＥＣＣＯって、いったい何なんだよ？」

contents

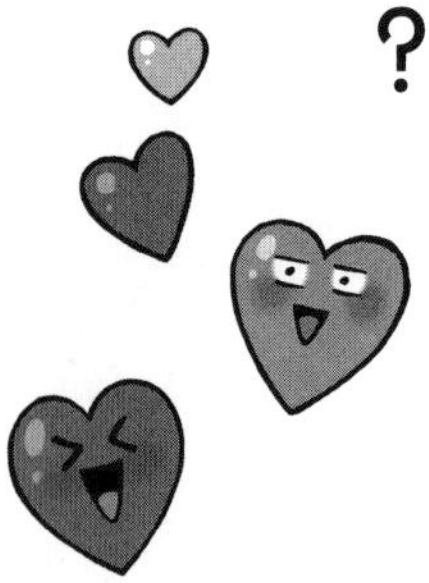

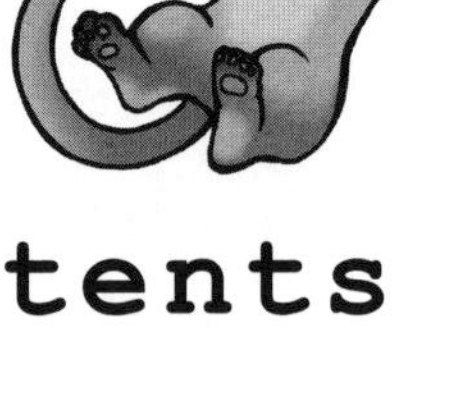

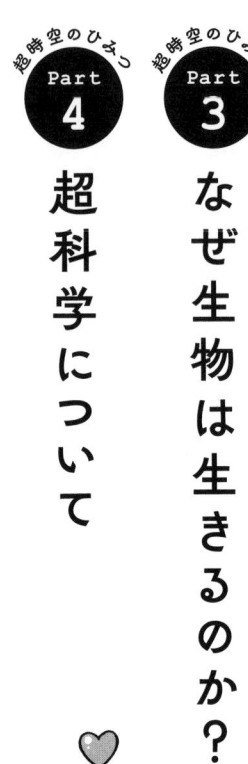

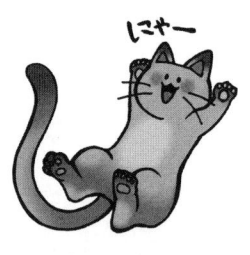

Hi

登場人物

ケルマデック
中二病患者(￣▽￣)

たっぺん
イマジネーション
(妄想)を現実化させる
超常マンガ家少女。

ビー坊
ケルマさんのアニメイト。
シュレーディンガー・メーター
管理者。

スーパータカオ
時空を開く、
クリスタルボウル奏者。

青いターミネーター
未来を創る名言セラピスト。

クラウズ
時空と戦う勇者。

たっちゃん
超時空鍋奉行。
たっぺんとは親子。

加賀屋さん
人を喜ばせる
ディズニー博士。

超時空のひみつ

Part 1

多次元宇宙とは？

…タタン タタン
…タタン タタン
…タタン タタン
…タタン タタン
ひゃっ
ひゃっひゃっ
いやぁ～ みんな お疲れさん！ さすがは 超時空鉄道
座席の稼働も 自由自在だなぁ ということで

じゃーん!!
よろしくお願いしまーす!!
それでケルマさん!
これから一体何を始めるんですか?
ビシ!
うむ たっぺんよ よくぞ聞いてくれた!
人類の未来を変えるためには我々みんなが新しい認識を得ることが重要なのだよ
そこで私は思いついたのだ!
その名も……
その名も……?
ごくり…

カカカカ
超常
カカカッ!!
超・常・教・室!!
超常教室
ババーン!!
なのだよっ!!
ちょ……
超常教室ぅ——!!?
そう! 超常戦士みんなでここでの体験を味わいながら
学校的な感じで新しい認識を学んでいく場にしようと思ってね
とりあえず名前をつけてみたのさ
超常教室
なるほど〜
キキキッ!!!
どがっ
うわわわわっ!?
でもくれぐれも私のことを先生とは呼ばないように!
いつも通りケルマさんでいいからね
ケルマさんそここだわりますよね〜

な……なんなのだ？いきなり
鉄道が急停車したのかな
きゅう～
ガラッ
みなさん大丈夫ですか!?
あっリタちゃん
突然のことで申し訳ありませんでした……
鉄道が第一の目的地『未来の地球』に到着したようです
やった！じゃあ久々に外に出られるんすね!!
おいらどうにも息苦しくてー
待ってください!!
もしどうしても出たいのであれば
このヘルメットをかぶって行ってください
!!
そうか……ここが『未来の地球』ということは
『人類が滅亡したあとの地球』ってことですかね？
……
ご覧頂いたほうが早いかもしれませんね

これが!
オオォオ
未来の地球の姿です……!!
オオ..

な……
なんだこりゃ!?
この地球には海も……
大気もないのか!?
人間は本当に……
絶滅したというのか!?
シュレーディンガー・レベルは89だ……
やっぱりこれは確定した世界だってことなのかい？
残念ながらこの地球にはもはや有機生命体は存在していません
酸素がないためヘルメットなしでは出られない世界になりました
大気を守るシールドが核ミサイルによって破壊されたため
大気も海も蒸発してしまったのです
ケルマさんこれが……リリー博士が見た未来の地球なんですかね？
…いや…
AIが人類を滅ぼしたのではない……
人類が
自らを滅ぼしたのだよ……!!
ギリ…ッ

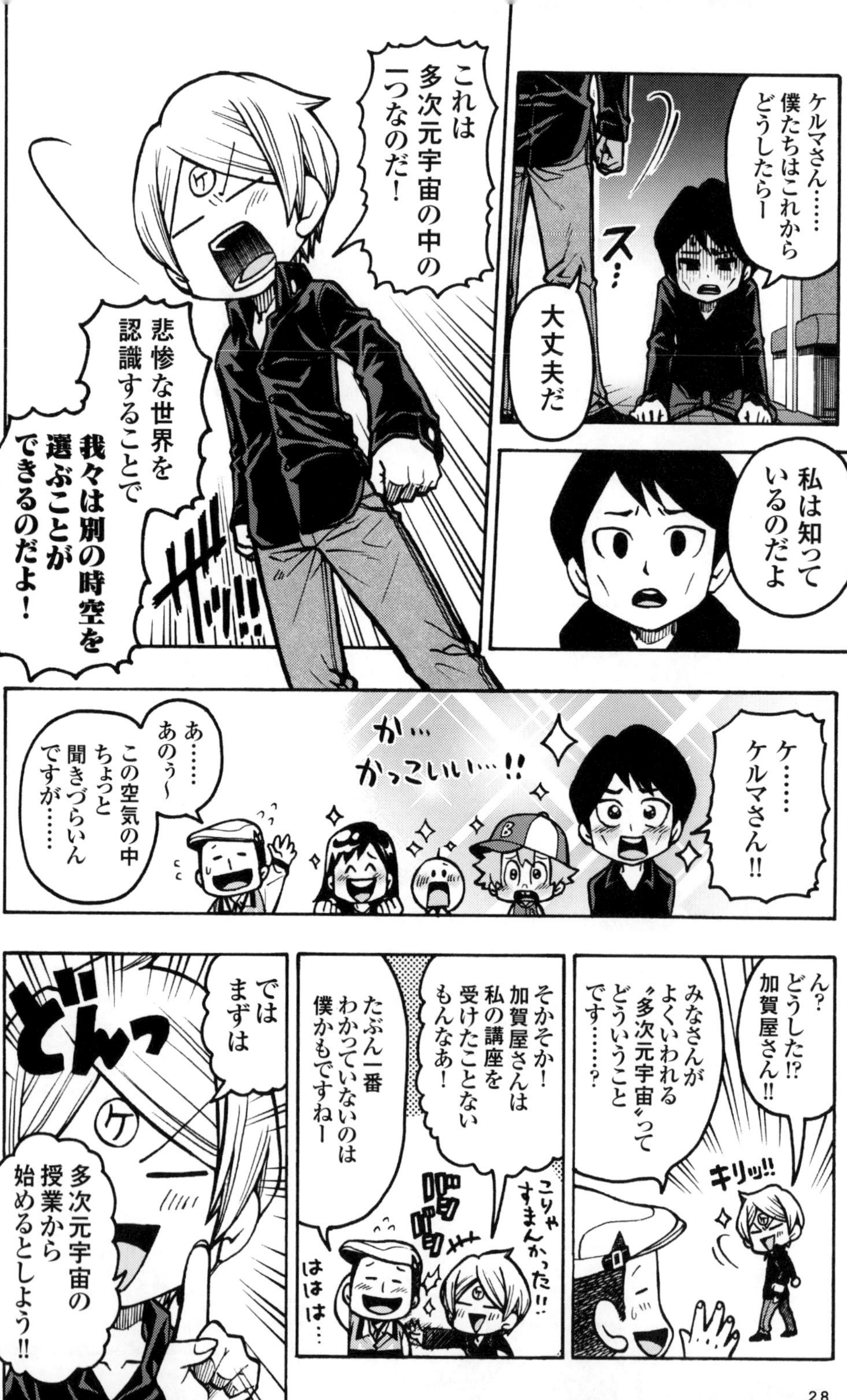
ケルマさん……僕たちはこれからどうしたらー
ス…
大丈夫だ
私は知っているのだよ
これは多次元宇宙の中の一つなのだ!
ザッ!!!
悲惨な世界を認識することで我々は別の時空を選ぶことができるのだよ!
ケ……ケルマさん!!
か…かっこいい…!!
あ……あのぅ~この空気の中ちょっと聞きづらいんですが……
ん? どうした!? 加賀屋さん!!
キリッ!!
みなさんがよくいわれる〝多次元宇宙〟ってどういうことです……?
そかそか! 加賀屋さんは私の講座を受けたことないもんなあ!
たぶん一番わかっていないのは僕かもですねー
こりゃすまんかった!!
ははは…
どんっ
ではまずは
多次元宇宙の授業から始めるとしよう!!

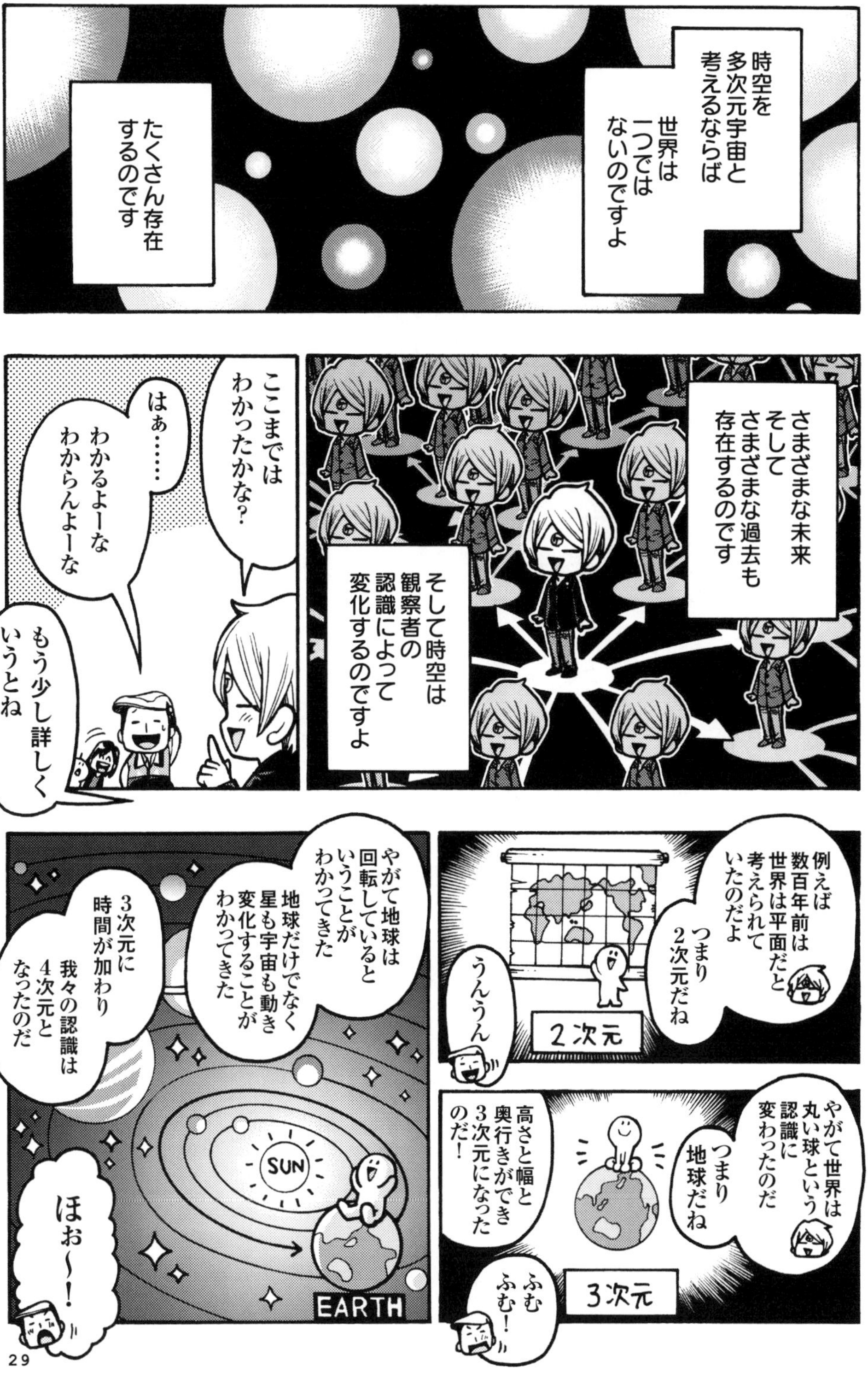

時空を多次元宇宙と考えるならば
世界は一つではないのですよ
たくさん存在するのです
さまざまな未来 そして さまざまな過去も 存在するのです
そして時空は観察者の認識によって変化するのですよ
ここまではわかったかな?
はぁ…… わかるよーな わからんよーな
もう少し詳しくいうとね
例えば数百年前は世界は平面だと考えられていたのだよ
つまり2次元だね
うんうん
2次元
やがて世界は丸い球という認識に変わったのだ
つまり地球だね
高さと幅と奥行きができ3次元になったのだ!
3次元
ふむふむ!
やがて地球は回転しているということがわかってきた
地球だけでなく星も宇宙も動き変化することがわかってきた
3次元に時間が加わり我々の認識は4次元となったのだ
SUN
EARTH
ほお〜!

そしてさらに次の段階がある！
数学的にはこの宇宙を認識するためには11次元以上が必要なのだよ！
どひゃー
じゅっ……11次元以上ですか〜!?
ちなみに我々の認識の次の次元 つまり5次元では
世界はたくさん存在するのだよ
あ、それってもしかして『パラレルワールド』のことですか？
さいきんよく聞きますよねっ
そうそう！
私はカウンセラーの仕事もしていてよく聞くのだが
『パラレルワールド』の存在を思わされる出来事は 実際によく起こっているんだよ！
そのいくつかをここで紹介しよう！

Case1.「幻の祭り」

どんどろどんどろろ
ど〜〜ん…
私の知人の話ですがね
祭りがあるというので ある神社に参拝したのです
そしたら神社には人の気配がなく
社務所も閉まっていて……
誰もいなかったのですよ……
いきなり怪談スタイル!?
しーん
「おかしいな誰もいないじゃないの」
仕方がないので
彼女は参拝だけして帰ることにしたのですな
そして石段を下り始めると
ぺこり
向かいから上ってくる男性が二人いたので
彼女は軽く会釈したのですが……

彼らはまっすぐ正面を見ながら
そのまま通り過ぎて行ったのです
なんか変な人たちだな……
無視されたというよりもまるでこちらに気づかなかったみたいな感じだったのですよ
すると今度は袴《はかま》をはいた宮司さんが上ってきました
あれっ
今日は誰もおられないかと思いましたよー
そう声をかけたら宮司さんがこういったのです
何いうとんや？
今日は祭りだからみんなたくさん集まっとるよ
うちの家内も社務所におるよ
ええっ！
さっき見たけど誰もいませんでしたよ！
その後もう一度神社に戻ってみると……
そこにはたくさんの人が集まっていたのですよ
そんなバカなーっ!?
ワイワイ
社務所
こやき
そして社務所にも女性がいたのでした
ガヤガヤ

え……
それって
おばけ的な
話です？
怖いの苦手
パラレル
ワールドの
話を
してたん
じゃ……？？
ゾゾ〜
うーん
この場合は
おばけと
いうより
彼女のほうが
別の次元を体験
してたのかも
しれないなぁ
まぁ
とりあえず次
行ってみよー！

Case2.「次元ダイバー」

ある一家が
車に乗って
港から海に
突っ込もうと
していました
経済的な
問題を
苦にして
一家心中しようと
していたのですよ
すると
謎の男が
現れて
車の前に
立ち塞がり
ました
おまえら！
ええかげんに
しろっ!!
男の怒鳴り声に
一家はすっかり
眠気が吹き飛んで
しまったと
いいます
その時に謎の男と
何を話したか
よく覚えていない
そうですがね
ただ
すっかり穏やかで
不安がない
安らかな気持ちに
なってしまった
そうですよ

一家は再び
家に帰って
きたのでした
そして
その後
不思議なことに
ガラッ!!
彼らの事業に
急展開が
起こり
倉庫にあった
商品はすべて
売れ
売れた!!
経済的問題は
あっという間に
解決したと
いうのです
あのときを境に
世界が変わって
しまったのだと
思います
問題が
解決したから
心が楽に
なるのではなく
心が楽になる
から問題が解決
するのだと
思います
なるほど
確かに
そうですな
でも謎は
残りますね
あの謎の男は
一体
何だったの
だろうね……?

Case3.「初めてなの……」

病気の男性が 鍼《はり》治療で 病気を癒すという
不思議な鍼灸《しんきゅう》師《し》の 元を訪れました
ふしぎ鍼灸院
鍼で 治療した後
バサッ
この鍼灸師は こういいましたね
あ
あんたのカルマも ついでに 消しといたよ!
ニカッ!
サービス ですかね
その後 男性は すっかり 元気になり
今まで 診てもらってきた 病院で検査を 受けたのです
すると 病気が確認 できなかった ばかりか
いつもお世話に なっている 熱血ドクターが
なんとも ないですよ
大丈夫 です
……と なぜかあっさり いったそうです
えっ! ほんとに なんとも ないんですか?
はい なんとも ないですよ
くる
そしてドクターは 恐ろしいことに こう いったのです

今回あなたは初診でしたね
!!?
えっ、いやいや何いってるんですか!
僕はずっとあなたに診てもらってきたじゃないですか!
いえいえあなたは今日が初診ですよ
お会いするのは初めてですよ
はぁ?
何とも不思議な話ですな
……さてここまでの話から
「5次元ではたくさんの世界があるのかもしれない」
ということはおわかりいただけたかな?
ぜーんぶ実話だよ
はぁなんとなくは……
あるんだろなーとは……
そしてさらに6次元ではこのたくさん存在する世界はバラバラに独立しているのではなく
たくさんある世界は
お互いに干渉しあっている状態かもしれないと考えられているのだよ
干渉しあっている…?
これを「多次元相互干渉」
通称「MIW理論」というのだがね
ちなみに「Many Interactive World理論」の略だよー
その一例もここで話しておこうかね

Case4.「ど根性レディ」

キキーッ
ドカーン!!!
ある女性が交通事故を起こしてしまったのです
しかし体はなんともなく異常はなかったのでした
通勤途中だったためたまたま近くを通りがかった友人が
ケガがなくてよかった!
でもここの人に迷惑かけてしまったね
といいました
ここの人……?
事故を起こしたのはある家の前だったのですね
その家ではお葬式をしていたのです

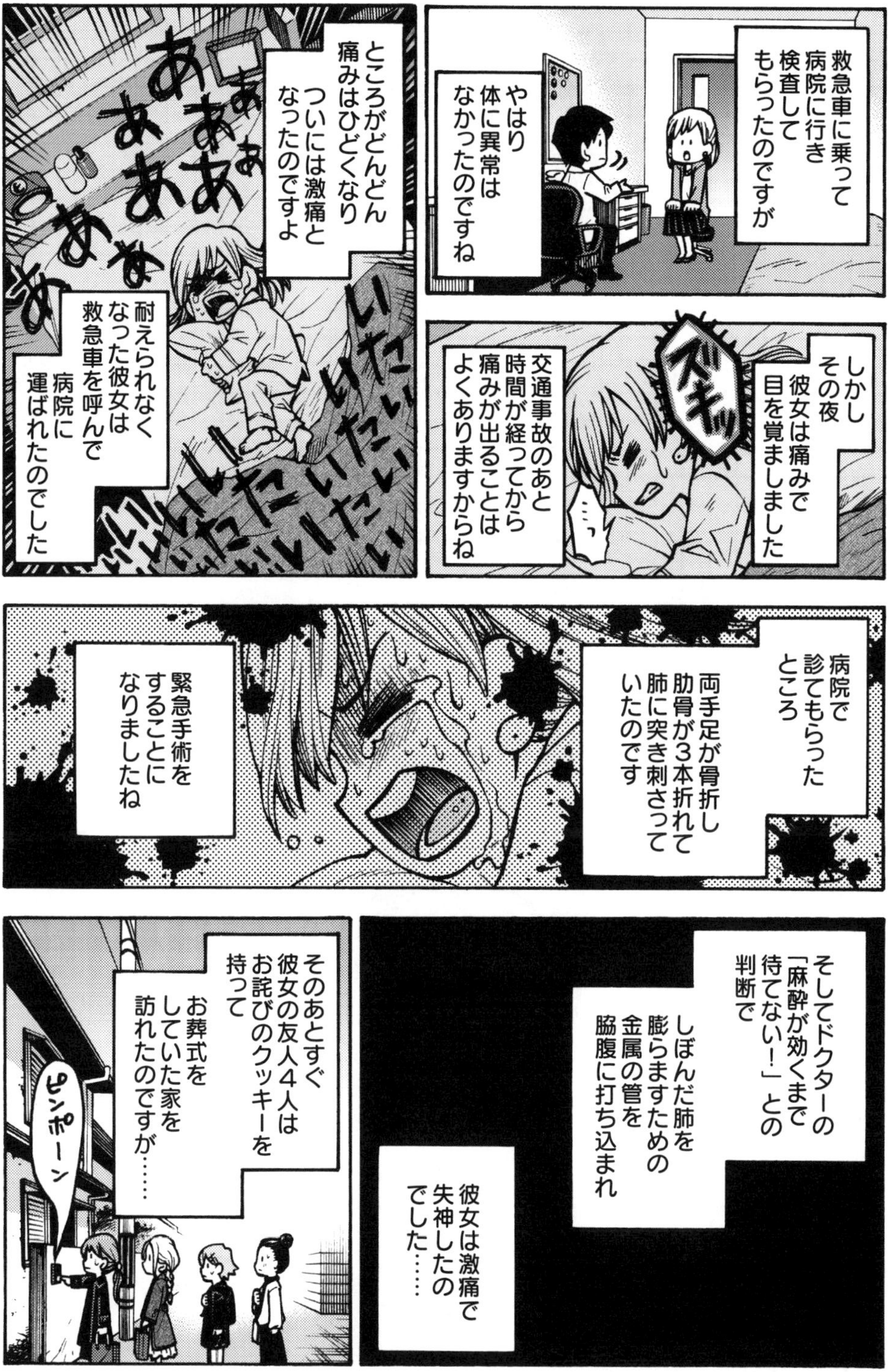
救急車に乗って病院に行き検査してもらったのですが
やはり体に異常はなかったのですね
しかしその夜彼女は痛みで目を覚ましました
ズキッ
……
交通事故のあと時間が経ってから痛みが出ることはよくありますからね
ところがどんどん痛みはひどくなりついには激痛となったのですよ
あああああああ
いたいいたいいたい
耐えられなくなった彼女は救急車を呼んで病院に運ばれたのでした
病院で診てもらったところ
両手足が骨折し肋骨が3本折れて肺に突き刺さっていたのです
緊急手術をすることになりましたね
そしてドクターの「麻酔が効くまで待てない!」との判断で
しぼんだ肺を膨らますための金属の管を脇腹に打ち込まれ
彼女は激痛で失神したのでした……
そのあとすぐ彼女の友人4人はお詫びのクッキーを持って
お葬式をしていた家を訪れたのですが……
ピンポーン

その家の方は「うちはお葬式なんかしてません」といわれたのですよ
近所に聞いてみても誰も最近あった葬式なんて知らないといわれたのです
……とここまでが「本当にあった不思議な多次元宇宙の話」だよ
おわかりいただけたかな？
私……ちょっと休憩してきます
ぼくもちょっと夜眠れなくなりそうなので……
すごすご…
しかしケルマさんこりゃ一体何なんですかね？
うむもしかするとだよ？
彼女はあの事故で死んだのかもしれない
ええっ!!

しかし彼女は死を選ばなかったのだ
安全な別の時空へジャンプしたのだよ
交通事故!!
しかし死のエネルギーは消すことが難しいので
時空が死を別の形で表現したのかもしれないのだ
えらばなかった死の時空
えらんだ安全な別の時空
別の時空にも少し干渉
…に残った、死の時空のエネルギー
事故の痛み
お葬式
それがお葬式だったんですか?
うむ……
そして死のエネルギーが通り過ぎてから
彼女は本来の時空に戻った――
と
いうことかもしれないね
それってハガレンの等価交換みたいな現象ですぜ!
わく
わく
さすがアニメ脳は理解が早いな!
アニメとは単なるフィクションではない……
真実が内包されていると私は考えているのだよ!
『鋼の錬金術師』という名作マンガ及び名作アニメがありまして……
はぁ…
デジャヴですかねこれ…?

ほとんどの人にとって
パラレルワールドを
認識することは
難しいね
しかし
誰もが想像できる
パラレルワールドが
あると
私は考えて
いるのだよ
我々が普段
認識できる世界は
一つだけなのだ
数学的には
実数で表現できる
世界……
それ以外は
虚数で表現されるのだ
虚数とは
数学的には存在するが
現実には実態がない
ものなのだよ
例えば
眠っていて見る
夢なんかが
そうだね
アニメやマンガ
小説・映画なども
そうだ
ANIMATION
NOVEL
COMIC
マンガ
DREAM
イマジネーションの
世界も虚数なのだ
アニメも!?
マンガも
虚数世界
ですって?
驚いた
かね?
クッ
クッ
クッ…
つまり
虚数《フィクション》の
世界とは
パラレルワールドの
一つなのだよ!
さらに名作といわれる
ものは多次元相互干渉の
影響が大きいのだ!
アニメ好きビー坊と
マンガ好きたっぺんが
揃っていることだし……
次の章では
名作について
語っていくとしよう!!
グッ!

多次元宇宙を操る謎の組織？

ある日、編集者の豊島さんが、こんな話を語ってくれたのです。

「私、ヨーガ指導者の成瀬雅春さんと、角川春樹さんの対談本を編集したんですが、内容がすごく面白いんですよ」

その対談本『永遠の今を生きる』（徳間書店）には、地震の予言内容が載っていたのでした。その一部を語るとだね。

２０２０年の夏に大震災が起きて、日本は壊滅的なダメージを受ける予定だったのが、変わってしまったという内容だったのです。

私は、２０２０年の夏に公開されたアニメ『日本沈没２０２０』のことを、激しく思い起こしたのでした。

みなさんご存じの通り、東京オリンピックの開催は、２０２０年の予定だったのだがね。

コロナのために開催は1年延期となったのです。

アニメ『日本沈没２０２０』では、予定通り２０２０年に東京オリンピックが開催され、閉会直後に大震災が発生するという内容だったのですよ。
私はビー坊にこういったのです。
「さて、私はどうにも腑《ふ》に落ちないのだ。
人々が南海トラフの危険や大地震に対してナーバスになっている今の時代に、なぜ、大地震による壊滅的なアニメを、わざわざ制作するのか？
なぜ、不安を煽《あお》るような内容のドラマを制作するのか？」
「アニメグッズとかにも、なりそうじゃないしね。なぜですかい？」
「制作する必要があったのだ……多次元相互干渉を起こすために！
アニメで大災害を表現することで、

現実の世界で起こる大災害をチャラにし、世界を安全な時空に移動させたのかもしれん！」

「ええっ！」
「ひゃっひゃっひゃっ！　これは、私の妄想と捉えてくれたまえ！
多次元相互干渉のメカニズムを熟知している謎の組織が、クリエイターにこのアニメを制作させたのかもしれない！

彼らは、はるか古代より、人知れず日本を守っているのかもしれぬ！

『鬼滅の刃』も、彼らの仕業に違いない！」
「ケルマさん！　謎の組織って何なんだよ⁉」
「なぞのそしきはね〜、なぞだから、なぞのそしきなんだよ〜。なまえをいったら、なぞのそしきじゃあなくなっちゃうよぉ〜」
「なんですかい！　その小学生口調は！」

さて、アニメ『日本沈没２０２０』が公開された1年後、２０２１年には、実写ドラマ『日本沈没―希望のひと―』が放送されたのです。
この作品も、テレビドラマにしては異例の制作費が投入されたのでした。
２０１６年に登場したマンガ『鬼滅の刃』を読んだビー坊が、当時、私にこう言ったのです。
「ケルマさん！　このマンガ、絶対にアニメになりますぜ！　そして絶対に、とんでもない大ヒットになりますぜ！　まちがいないよ！」
我がアニメイトのビー坊は、時に異常な直観の冴えを見せるのです。そして、その直観は、つねに正しいのでした。
2019年に登場したアニメ『鬼滅の刃』は、異例の大ヒットとなったのです。
2020年には映画化もされ、日本映画史上最大のヒット作となったのでした。そしてその頃、世界では感染症が猛威を振るい、多くの方が命を亡くしたのです。
周知の通り、『鬼滅の刃』の主人公、竈門炭治郎は、鬼たちと戦って、これを滅しようとします。鬼たちの幹部は、十二鬼月と呼ばれているのですがね。
この十二鬼月たちの名前は、それぞれが感染症を暗示した名前なのです。
つまり、『鬼滅の刃』の裏の目的とは、現実世界における感染症を、滅しようとする物語だったのかもしれません。
これは、我々の無意識の願いが形になったものだったのか？　それとも、謎の組織が暗躍したものだったのか？
ビー坊は、ふと思ったのでした。
……もしかして、謎の組織って、ＥＣＣＯとも関係があるのかな？

超時空のひみつ

Part 2

名作に隠された真実

まずは
世界の名作に
迫ってみるのだ
ずいっ
なぜ名作は
名作と
いわれるのか？
君は
わかるかね？
そ……
そもそも
名作の定義
って何なん
ですかね？
近いっ 近いよ
ケルマさん!!
まさに
迫って
いるのだよ…
うむ！
50年～100年近く
読み続けられる
本は
名作といえる
かもだな
時間
かかるっすね～
おいらの中では
セーラームーンは
名作ですがね
ムーン
ヒーリング
エスカレーション♪
まぁね
でも
セーラームーンが
名作となるには
あと20年は欲しい
ところだなぁ
すとん
1992年～の
アニメ
だもんね
一般の定義では
数年読まれるのが
ヒット作で
10年以上
読み続けられるものが
傑作なのだよ
そして…

50年以上
語り継がれるのが
名作！
走れメロス
星の王子さま
千年語り継がれたら
伝説！
桃太郎
竹取物語
二千年以上
語られ続けたら
神話になるのだ！
古事記
聖書
バババーン!!
神話は
二千年以上
かかるんですか！
ひぇ～!!
まぁ名作にも
いろいろ
あるがね
パラパラ～
ケルマメモ
ずばり
いってしまうと
名作には
真実が
隠されている
のだよ！
だから長きに
わたって
伝えられるのだ！
例えば日本を
代表する
童話作家の
宮澤賢治《みやざわけんじ》さんだ！
彼の遺作となった
『銀河鉄道の夜』
この作品に
〝石炭袋〟という
ものが出てくるのだ
宇宙には
石炭袋という
真っ黒な場所が
あるというんだね
これが何を
指しているか
たっぺんは
わかるかな？
石炭袋
えっと
宇宙の
真っ黒な場所
ってことは……
1934年発表
『銀河鉄道の夜』

ブラックホールかな？
グッ！
その通り！
しかし宮澤賢治が『銀河鉄道の夜』を書いた時代にはまだブラックホールの存在は誰も知らなかったのだよ！
執筆時期は1924年～1931年頃まで
ブラックホールが発見されたのは2019年だからね！
では銀河鉄道とは何なのか？
銀河鉄道にはさまざまな人が乗っているのだがね
氷山に衝突して乗っていた船が沈んだために
銀河鉄道に乗り込んでくる団体がいるのだよ
これは氷山に衝突して沈んでしまったタイタニック号の乗客たち……
つまり死んだ人たちなのだよ
ちなみにタイタニック号沈没は1912年
クックックッ…
ハイ！
おいら知ってますぜそれ！
カムパネルラも実は死んでるんだよね！
ひぃいいいいいいっ!!
そんなお話だったんですかアレ!?
うむ！銀河鉄道とは人の魂が乗る汽車なのだ
つまり臨死体験なのだよ
…タタンタタン
実際に臨死体験した人の中には向こうの世界にいるとき
列車や電車に乗ったと主張する人がいるのだ！
…タタンタタン
ビッ!!
『千と千尋の神隠し』もそうですぜ！
グッ!!
『銀河鉄道999』もそうだぞ！

主人公の鉄郎は生きている人間の体と機械の体（死んでいる体）の狭間《はざま》にいる存在なのだよ！
彼は旅を通じて命ある世界を生きていくことを学ぶのよ　鉄郎
おいら　よく　わかったよ　メーテル!!
まさかのコスプレ!?
急に…
スイフト作『ガリバー旅行記』には
ラピュタという空に浮かぶ国が出てくるのだ
ハッ!!
宮崎駿《みやざきはやお》監督の『天空の城ラピュタ』だね！
早っ！
ケルマメモ
『ガリバー旅行記』の中でラピュタの科学者が火星に二つの衛星があると語るシーンがあるのだよ
ガリバー旅行記は1726年発表
火星
ダイモス
フォボス
ぐる
ぐる
実際火星には二つの衛星があるのだが
それがわかったのは『ガリバー旅行記』が書かれたずっと後なのだよ
火星に2つの衛星があるとされたのは1877年だよ
ケルマメモ
なぜ作者のスイフトはこのことを知っていたのだろうか？
な……なぜですかね？
？
ほかにもあるぞ！
ハナイキッ!!
私の好きな19世紀の作家ジュール・ベルヌは『月世界旅行』や『地底探検』『海底二万マイル』を書いたのだが
それらの作品で語られていることは現代ではすべて現実になっているのだよ!!

『月世界旅行』では月に打ち上げる砲台はアメリカのテキサス州に作られたのですよ
そして現在 その場所には宇宙ロケットを発射するケープ・ケネディ基地があるのです
ジュール・ベルヌ
JULES VERNE
(1828－1905)
ちゅどーーん
NASA
『地底探検』では地球の内部に巨大な海があると描かれていて
実際2018年にはエジンバラ大学のチームが地球内部に巨大な海があることを確認したのです
そして『海底二万マイル』には海の中を潜航する潜水艦ノーチラス号が登場します
この作品が描かれた19世紀にはまだ潜水艦はなかったのですがね
わー♡
ちなみに世界初の原子力潜水艦はアメリカが作ったのです
名前はノーチラス号というのですよ
ジュール・ベルヌって天才だったんだねー
へぇー！
まだまだあるぞ！
天才は彼だけではないのさ
アメリカの作家エドガー・アラン・ポーの小説
『アーサー・ゴードン・ピムの冒険』というのは聞いたことあるかな？
ケ
1838年刊行
『ナンタケット島出身のアーサー・ゴードン・ピムの物語』
物語の中で海で漂流している4人の男が餓《う》えに苦しむシーンがあるのだよ
そしてくじ引きの結果……
3人の男がリチャード・パーカーというキャビンボーイを殺害し食べてしまうのだ
なんか文脈的に
イヤな予感が

それから何十年も経ったある日
まったく同じような事件が実際に起こってしまったのだよ
4人の男が海で遭難し3人の男がキャビンボーイを殺害して食べてしまったのだよ
殺されたキャビンボーイの名前はリチャード・パーカーだったのだ
まじ？
うわ〜やっぱりそういうことだった〜
うむ
実は同じような事例は数多く報告されているのだよ
ぴくっ
たっぷんの耳
マンガの神様といわれる手塚治虫《てづかおさむ》先生の作品にも
同じような現象がたくさん確認されているというのだ！
でも不思議じゃないですかい？
なぜ未来に起こる出来事まで
架空の物語の中で書かれてるんですかね？
…タタン タタン
集合無意識の領域は時空を超えているのだ
たくさんの過去やたくさんの未来
さらには別の世界にもつながっているのだよ！
つまり多次元宇宙論だね
…タタン タタン

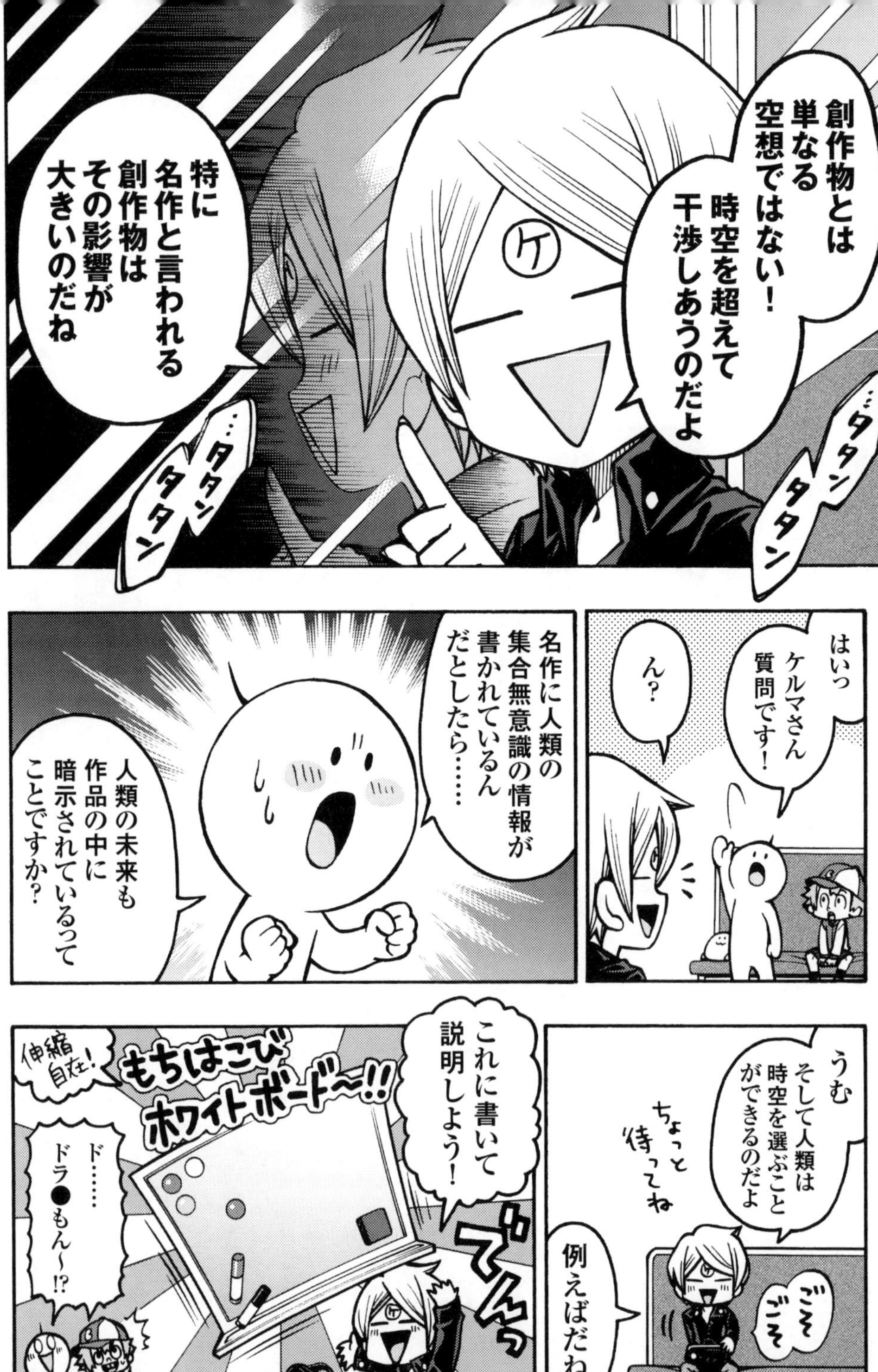
創作物とは
単なる
空想ではない！
時空を超えて
干渉しあうのだよ
特に
名作と言われる
創作物は
その影響が
大きいのだね
…タタン
タタン
…タタン
タタン
はいっ
ケルマさん
質問です！
ん？
名作に人類の
集合無意識の情報が
書かれているん
だとしたら……
人類の未来も
作品の中に
暗示されているって
ことですか？
うむ
そして人類は
時空を選ぶことが
できるのだよ
ちょっと待ってね
ごそごそ
例えばだね
これに書いて
説明しよう！
でんっ
伸縮自在！
もちはこびホワイトボード〜!!
ド……
ドラ●もん〜!?

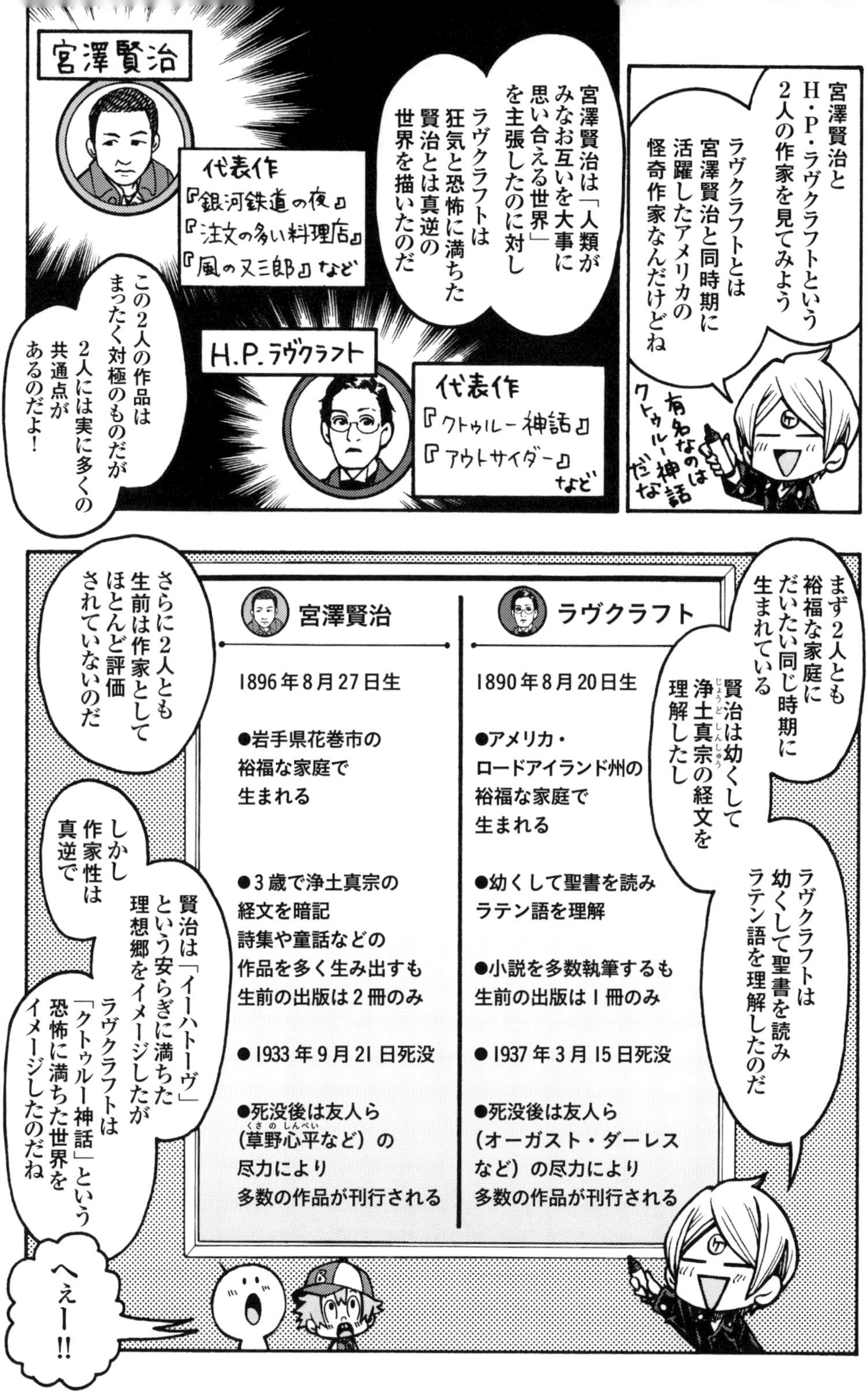
宮澤賢治と
H・P・ラヴクラフトという
2人の作家を見てみよう
ラヴクラフトとは
宮澤賢治と同時期に
活躍したアメリカの
怪奇作家なんだけどね
有名なのはクトゥルー神話だな
宮澤賢治
代表作
『銀河鉄道の夜』
『注文の多い料理店』
『風の又三郎』など
宮澤賢治は「人類がみなお互いを大事に思い合える世界」を主張したのに対し
ラヴクラフトは狂気と恐怖に満ちた賢治とは真逆の世界を描いたのだ
H.P.ラヴクラフト
代表作
『クトゥルー神話』
『アウトサイダー』など
この2人の作品はまったく対極のものだが
2人には実に多くの共通点があるのだよ!
まず2人とも裕福な家庭にだいたい同じ時期に生まれている
賢治は幼くして浄土《じょうど》真宗《しんしゅう》の経文を理解したし
ラヴクラフトは幼くして聖書を読みラテン語を理解したのだ
宮澤賢治
1896年8月27日生
●岩手県花巻市の裕福な家庭で生まれる
●3歳で浄土真宗の経文を暗記
詩集や童話などの作品を多く生み出すも生前の出版は2冊のみ
● 1933年9月21日死没
●死没後は友人ら（草野心平《くさのしんぺい》など）の尽力により多数の作品が刊行される
ラヴクラフト
1890年8月20日生
●アメリカ・ロードアイランド州の裕福な家庭で生まれる
●幼くして聖書を読みラテン語を理解
●小説を多数執筆するも生前の出版は1冊のみ
● 1937年3月15日死没
●死没後は友人ら（オーガスト・ダーレスなど）の尽力により多数の作品が刊行される
さらに2人とも生前は作家としてほとんど評価されていないのだ
しかし作家性は真逆で
賢治は「イーハトーヴ」という安らぎに満ちた理想郷をイメージしたが
ラヴクラフトは「クトゥルー神話」という恐怖に満ちた世界をイメージしたのだね
へぇー!!

そして2人とも
だいたい同じ時期に
亡くなっている……
2人とも
死没した後に
友人たちが
作品を広め
世界に影響を与える
伝説的な作家と
なったのだよ!
後世の作家たちは
この2人の
多大な影響を
受けているのだ!!
どうだね!?
似ているだろう!?
なっ
なるほど～!!
たしかに!!
でもなぜ
この2人の世界観は
真逆なんですかね?
?
クックックッ
たっぺんよ
お多福
ぽんっ
……は
知っている
かね?
お面の
あれですか?
そうそう
お多福の
面を作る職人が
語ってくれた
のだが……
お多福と
いうのは
必ず鬼と対に
なっている
のだそうだ
サッ
えっ
対ですか?
うむ!
幸せとは
悲しみや
憎しみと
対になって
いるのだね
悲しみや憎しみを
知ったところに
幸せがあるのだよ
だから
宮澤賢治と
ラヴクラフトの世界は
両方必要なのだ
両方を
知ったうえで
我々は世界を
選ぶことが
できるのだよ!

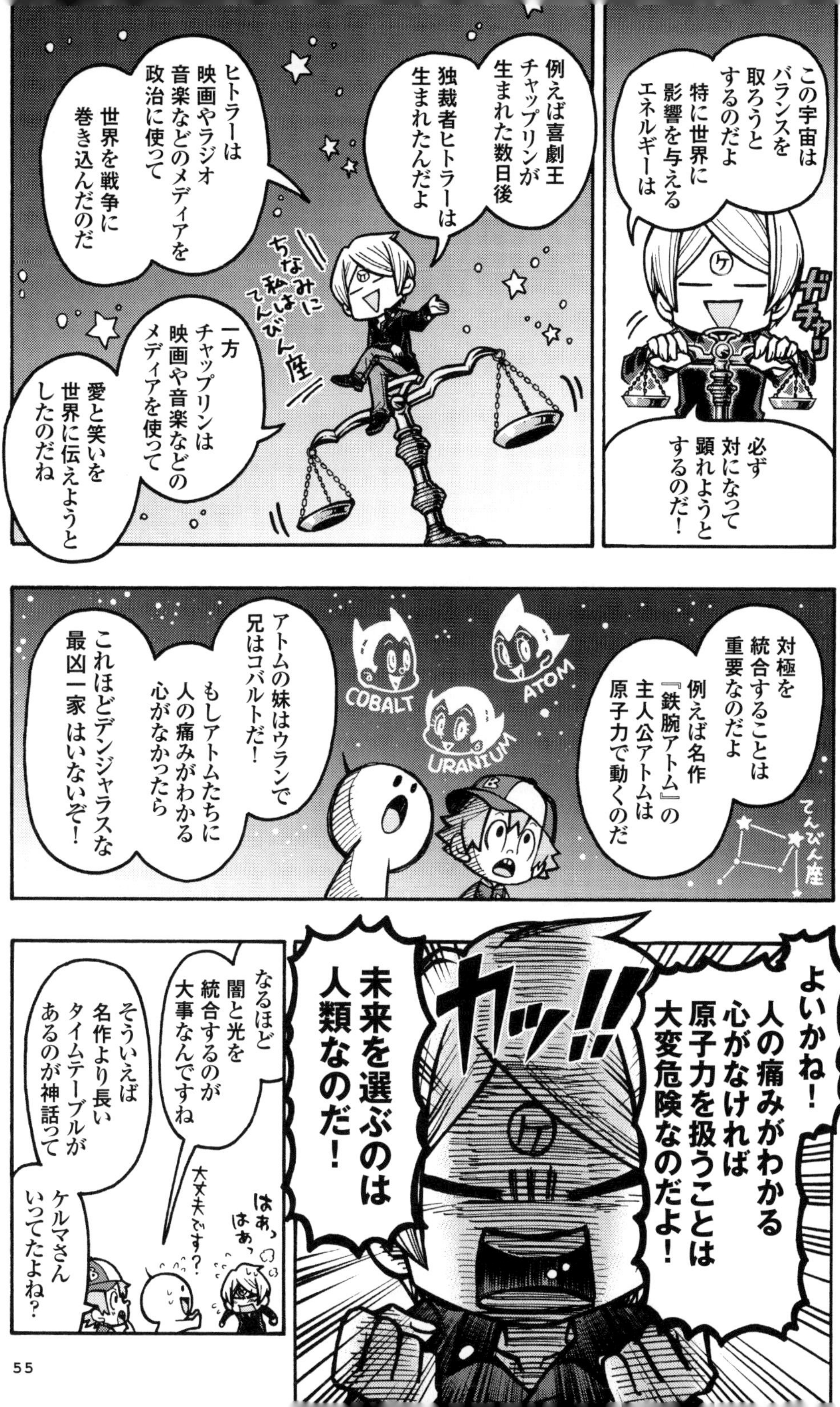
この宇宙はバランスを取ろうとするのだよ
特に世界に影響を与えるエネルギーは
ガチャリ
必ず対になって顕れようとするのだ！
例えば喜劇王チャップリンが生まれた数日後
独裁者ヒトラーは生まれたんだよ
ちなみに私はてんびん座
ヒトラーは映画やラジオ音楽などのメディアを政治に使って
世界を戦争に巻き込んだのだ
一方チャップリンは映画や音楽などのメディアを使って
愛と笑いを世界に伝えようとしたのだね
対極を統合することは重要なのだよ
例えば名作『鉄腕アトム』の主人公アトムは原子力で動くのだ
てんびん座
ATOM
URANIUM
COBALT
アトムの妹はウランで兄はコバルトだ！
もしアトムたちに人の痛みがわかる心がなかったら
これほどデンジャラスな最凶一家はいないぞ！
よいかね！
人の痛みがわかる心がなければ原子力を扱うことは大変危険なのだよ！
カッ!!
未来を選ぶのは人類なのだ！
なるほど闇と光を統合するのが大事なんですね
はぁっはぁっ
大丈夫です？
そういえば名作より長いタイムテーブルがあるのが神話って
ケルマさんいってたよね？

集合無意識の言語として機能するのが神話なのだよ
これとかさ…
古事記
だからヒットする作品には必ず神話のファクターが入っているのだね
ずるり…
おいらも何か神話を作り出したいですぜ!
私も神話興味あります!
新たなる神話を作るためには二千年後でも通用する言語や観念を用いなければダメだ!
ビッ!!
そうですね!!
何かを暗示しているような謎が含まれているのも必須条件ですぜ!
ゴニョ
うんうん!
ゴニョ
もちろん時事ネタは御法度だな!
ハッ!!
すばらしい俺ジナルなアイデアを思いついたぞ!!
おおっ!!

巨大な人に
追い詰められて壁の中に
閉じ込められている人々と
巨大な人との戦いを
描いた物語で
第1話のタイトルが
『二千年後の君へ』
みたいなー……
どうかね!?
ケルマさん
それ……
ダメだから
もうそれ
すでに
ありますから
ほら…

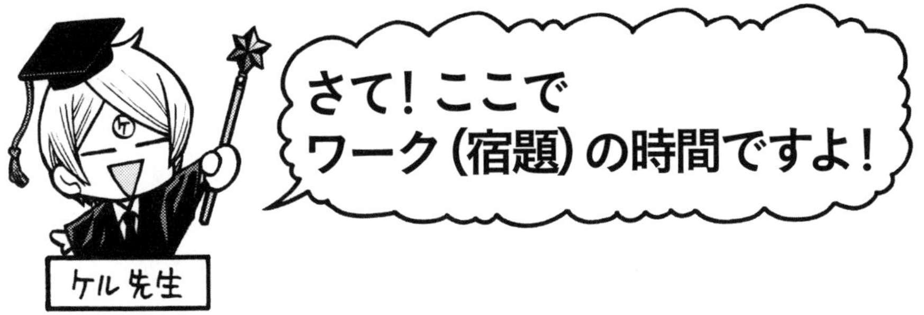
さて！ここで
ワーク（宿題）の時間ですよ！
ケル先生

・**まずは、名作とされている本を、図書館で借りてきてください。**

例）『アルプスの少女ハイジ』

・**作者が何を伝えたかったか、書き出してください。**

例）「無垢な魂」

・**読んだ名作とシンクロする現代の出来事や作品を書き出してください。**

例）『Dr.スランプ アラレちゃん』
「ネオテニー（※）」

みんなも研究してみてね！

※幼形成熟。生物が未成熟な幼生の形態を残したままで性的に成熟する現象

神話とヒット作が関連している例はまだまだあるぞ！
しかし ここでは一つ 大命題を掲げたい！
タタン タタン…
大命題？？
タタン タタン…
それは ずばり……
多次元宇宙に突入せよ!!
…ということなのさっ
多次元宇宙に突入〜!?
例えばね
ホワイトボード カモ〜ン
サッ
バッ！
ゴジラが初めて登場したのは1954年
そして世界で初めて原子力発電所が作られたのも1954年なのだ
ちなみに自衛隊も1954年に作られたのだよ
・1954年
ゴジラ
原子力発電所
自衛隊
映画が作られていない時には、日本のどこかで原発事故が起きる!!
トン トン
そして不思議なことに
ゴジラの映画が公開されてしばらくは原発は安全に稼働するのだが
ゴジラの映画が長期間公開されていないときは原発事故が起きるのだよ

つまり映画の中でゴジラが暴れて街を破壊すれば原発事故による破損はチャラになるのかもしれないのだ
へえ～!!
じゃあ逆にゴジラ映画が作られなくなるとマズイってことですかい?
心配するなビー坊よ!
ゴジラは最近「ゴジラ座」という星座の名前になったのだよ!
じゃ～ん!!
なんと!!
これで人類がゴジラを忘れることはないだろう!!
星座になったということは神話になったということなのだ!
ゴジラは名作から神話になったのだよ!!
ホッ
あーよかったー
ギリシャ神話も星座と深く結びついてますもんね～
フィクションが時空を変える実例はたくさんあるのだよ!
有名な霊能者のエドガー・ケイシーは
「1970年代から日本が徐々に沈んでいき1989年には完全に海に没する」と予言したが
そんなことは起こっていないのだよ!
EDGER《エドガー》 CAYCE《ケイシー》
(1877-1945)
ヒマシ油やリーディングで有名。
Castor Oil
なぜなら1970年代に『日本沈没』という映画が大ヒットしたからだ!
日本沈没
映画によって大災害はチャラになったのだ!!

ヒットするアニメやマンガは我々の集合無意識の顕れであると私は考えているのですよ
集合無意識というのはユング心理学の概念で人類の潜在意識は根っこの方でみんなつながっているという考え方だよ
個人の領域
顕在イシキ
潜在イシキ
集合的ムイシキ
氷山でたとえられたりもするよね
そして令和になって大ヒットしたのが『鬼滅の刃』です
主人公の炭治郎は人間を食い殺す恐ろしい鬼と戦うのですね
彼は鬼を滅ぼすだけでなく鬼となった者の怒りや悲しみを受け入れ癒すのですよ
干天の慈雨!
そして鬼になってしまった妹を人間に戻そうとするのです
なぜ『鬼滅の刃』が大ヒットしたのか?
それはまさに今
この世界に鬼が顕れようとしているからなのかもしれないのだ
怒りや悲しみは鬼として顕れてくるのだよ
それは病気だったり犯罪や戦争として顕れてくるのだ
その鬼を癒すドラマが描かれているのが『鬼滅の刃』なのだよ

じゃあ『鬼滅の刃』を読めば……病気や戦争を消すことができるんですかい?
うむ できるのだ!
マンガってすごい!
それだけではないぞ!
このマンガの特筆すべきことは!!
若い女性から絶大な支持を集めて……
女性たちが鬼滅カラーに髪を染めたりファッションを真似たりしたことなのだ!!
グッ!
へー
コスプレもだよね!
実はこれはとんでもない現象を引き起こせるのだ
アニメやマンガなどの虚数世界を実数世界で真似ることにより
ゴクリ…
多次元相互干渉が発生するのだよ……!!
簡単に言えば時空を操作することができるのだ!
それがコスプレなのだよ!!
パパーン!!
……ちょっとケルマさん!? いくらなんでもそんな～
真実なのだよ!
女性という存在は直観的に世界の真実を理解するのだよ!
ダンスや踊り参観日や結婚式でも大活躍のコスプレは!
一種の時間操作術なのだ!!
うぉぉ～
ケルマさんおちついてっ イスからおりてっっ
あぶないからーっ
あ……あのう～

多次元相互干渉という点でいえば
実は今みなさんが読んでいるこのマンガ自体がパラレルワールドなんですよ
サラッ
え……
ええっ!?
我々はちゃんと生きてるぞっ!?
この物語はノンフィクションであり実在する事件・団体人物とのあらゆる類似があってだなぁ!!
ケルマさんさっきからどうしました!?
急に荒ぶって
ガーッ
はい ですから
みなさんは単なるマンガのキャラクターではありません
パラレルワールド……つまり
虚数世界の存在であり現実世界に干渉する存在でもあるのです
ですからこのマンガを読んでるあなた!
あなたが読むことで現実世界は多次元からの干渉を受けるのです!
あなたの現実世界にあなたが望む変化が起こるってことなんですよ!!
くるっ!
いきなりカメラ目線!?
あの子読者に向かって話しかけてるよ!?

虚構大作戦

ある日私は、講座をしたのです。その日の講座のタイトルは、「星ヒューマン」でした。私は主催者のたっちゃんに伝えたのです。

「星の力。そして人間の力……ヒューマン。それが、星ヒューマンなのですよ！」

「《巨人の星》がチラつくのは、気のせいですかね？」と、たっちゃん。

「気のせいです」と答えたケルマさんです。

「多次元相互干渉が起こることで、現実は虚構（フィクション）に変わり、虚構は現実に変わるのかもしれません。

１９６４年、アメリカにおいてＵＦＯ調査「プロジェクト・ブルーブック」が行われ、ＵＦＯの存在が否定されました。そして１９６６年には、アメリカのテレビドラマ『宇宙大作戦（スタートレック）』が放送されたのです。

２０２０年、アメリカにおいてＵＦＯ調査が行われ、ＵＦＯは実在すると公表されました。アメリカは宇宙軍を発足させ、日本では自衛隊に『宇宙作戦隊』が発足したのです」

ＵＦＯが虚構の存在から現実の存在になったとたん、宇宙大作戦まで現実になり始めたのだ！

「そして１９６８年、アニメ『巨人の星』が放送開始したのです……」

たっちゃんが、「ぁあっ！」と叫びました。

「ＷＢＣでの大谷翔平さんの背番号は、16番！　16番なのよっ！　そして、星飛雄馬も！」

秘匿していた一発ギャグを見抜かれ、激しく動揺するケルマさんです。

「よ、よ、よくぞ見抜いたな！　たっちゃんよ！

大谷翔平さんの背番号16は、星飛雄馬の背番号と同じなのだ！

これが、星ヒューマンだ！」

星飛雄馬の念願だった大リーグ打倒を、大谷翔平さんは見事に果たしたのだ。

そして何よりも、大谷翔平さんと星飛雄馬は、顔がそっくりなのである。

青いターミネーターが咆哮しましたね。

「こ、これが、虚構が現実になるってことなのか！」

世界を支配する名作

星ヒューマンの要となるのは、星に込められた神話の力なのです。星や星座の物語を深く考察することで、多次元相互干渉を起こすというのが、星ヒューマンの目的だったのだ。

なぜ、我々の世界や人生は、星の影響を受けるのか？

星には、我々の集合無意識にとてつもない影響を与えている物語があるからなのだ。

プロメテウスは、ギリシャ神話に登場する神です。彼は、天界の規則を破って、人類に「火」を与えたのでした。そして、規則を破ったプロメテウスは、３万年も苦しみ続けるという罰を与えられたのです。

１９８６年、土星の衛星に「プロメテウス」と名前がつけられました。

そしてこの年、チェルノブイリ原発が爆発したのです。原発が爆発すれば、放射能が安全なレベルになるまで、２万５０００年はかかるのですよ。

ちなみに、プロメチウムは、プロメテウスの名前から名づけられた元素ですが、人工的に核分裂させた時に発見された元素でね。主に、原子炉の中に発生するのです。

うううっ
ぶふぁああああっ!!
これは一体……どうしたんです!?
あっタカオさん!
この人 酔いが収まったと思ったらスマホを取り出してずーっと文字を打ち続けていたんすよっ
大丈夫大丈夫
ピピピピピ
オロオロ
ゴロリ
……
酔った~しんどい~つらい~
今 身も心も辛く……苦しいのだよ
それ自業自得ですよね
だってアイデア湧いたときにすぐ書けるんだもん……
私はいつも原稿を書くときはスマホで書いているのだよ……
サッ
この人全然反省する気ないですぜ
ケルマさん根はけっこー頑固だしね
まったく…
しかもここの空間は激しく揺れますからね
伝えておくべきでしたね
ひょこっ
どうかしたのー?

青いターミネーターさん！いいところにっ！この人の酔いを軽減する方法って何かないですかい？
ふむふむ！こんなときは～
ゴソゴソ
あ～あ～
パパラパッパパ～ッッ!!
じゃーん！乗り物酔い防止メガネ～！
おおっ!!
これは!!
だんだん酔いが収まってくぞ!?
きゅぴーん!
へえ～っ
すごいですね!!
えっへん！
※効果には個人差があります。
Amazonでも買えるよー
小休止…。
茶
いやーお騒がせしてすまんかった！
ケルマさんすっかり元気に復活ですよっ!!
よかったですよ～
スッキリ!!
ところでこのメガネについて考察してみたのだが……
これは周辺視野に働きかける仕組みだねぇ
周辺視野って??

我々の瞳の中にある黒い部分は主に対象物を見るが虹彩《こうさい》の部分は周辺の視野情報を知覚するのだよ
つまり無意識領域だな
虹彩
(角膜)
瞳孔
そしてメガネのフレームに入っている水の動きを周辺視野が知覚し
三半規管という器官が司るバランス感覚を補正するのだ！
水が入っている
へぇ〜っ
ドヤァ
つまりこの〝周辺視野〟というのは
無意識領域の情報を拾う重要な役割を果たしているのだよ‼
周辺視野といえばディズニーランドはすごかったなぁ！
ディズニー博士の加賀屋さんによる案内で気づいたのだがね
ほほ〜う！
19世紀の鉄道の駅とかわざとホコリっぽさや汚しのディテールを再現しててさ
あれだから無意識のうちに脳が本物だって認識しちゃうんだよね
今ディズニーの話してました⁉
してましたよねっ⁉
シャッ!
わぁ⁉ 突然の加賀屋さん‼
ビク

あの場所はペイントのデザイン番号とか本当にニューヨークの地下鉄が走っている鉄骨の番号まで全部同じものを使っているんですよ～
駅の手すりの汚しも普通に塗って再現しようとしたってああはなりません！　一度キレイに色を塗った後土っぽいのもホコリっぽいのもわざと上から塗っている！
床だって実はコンクリートで作られているんですけどわざと木の感じを再現していて工事に携わったアメリカ人のやっつけ仕事ぶりや釘を打った穴の雑さをわざわざ再現することでリアリティを追求しているんですよー
ペラ
ペラ
ペラ
ああっ！加賀屋さんが止まらないっ!!
列車はもうすぐ止まりますよ
ほら
!!
次の目的地はこちら「ディズニー世界」です
!!!!!
こちらは先ほどまでの世界と違い
ヘルメットなしでも降りられます
どうぞご自由に遊んでらしてください
わーっ!!
いいの!?
しかし新しい認識については引き続きー
もちろんだ!!
グッ
ここからは『イマジネーションの世界』と題して！
ディズニー博士の加賀屋さんと共に
思いっ切り遊びながら学んでゆくとしよう！
鼻血でる～

いざ、ディズニー世界へ突入!!

※著作権の都合により
これより先はマンガ化不可。
想像（イマジネーション）でお楽しみください。

by ケルマデック（￣▽￣）

わー！わー！ディズニーってほんとすごいよね！
まさに魔法の国!!
でもシュレーディンガー・レベルはプラス20ですぜ
魔法の国だけどすごく現実的でもあるよね

みなさん！なんとディズニーのリピーター率は98%なんですよ！
なぜならすべてのセットが本当〜に細かい部分までリアルに作ってあるんです!!
へぇ〜さすが加賀屋さん
何でもご存じなんですねー！

そういやぁ「ソワリン」に乗ったときはホントに感動したなあ！
「ソアリン」ですよ！
ケルマさん

あっ そかそか しかし ホントに 感動したな～
そういえば ソアリンに 乗っているときだけ シュレーディンガー！ レベルが 30だったよ こりゃ一体 どういうこと なんですかい？
ソアリンに乗るまでに さまざまな展示物が あっただろう？ ソアリンの開発者や 歴史・写真・遺物 などなど……
それらがすべて 周辺視野情報として 我々の無意識領域を 説得するのだよ！
作っている人たちを ディズニーでは イマジニアと呼んで いるんですよー 創造力《イマジネーション》を自由に 駆使する技術者で 〝イマジニア〟！ その方たちのこだわりと 情熱がすごいんですよね～
あのセットや 展示物の数々が 周辺視野情報 ってことですか？
うむ！ ソアリンに乗るまでに 知覚する細かな情報を 無意識領域は リアルな現実として 捉えるのだ！ だからこそ ソアリンに乗ったときの 感動がハンパないの だよ！
あの情報こそが 重要なのだ！
なるほど～ すべて必要 なんだよね

よいかね！
イマジネーションが重要なのだよ！
いきなり
ドーン!!
宇宙を作り出すイマジネーションが!!
宇宙を……作り出す
イマジネーション??
10分後……。
いやぁ～楽しかったなぁディズニー世界!!
できればずーっといたかったよね！
おかえりなさい
ディズニーは入園したときから魔法がかかるので何度でも遊びに行きたくなるんですよね！
なんと約8億人のお客様が遊びに来てまして99・5%のリピーターを誇るディズニーランド！
その秘密を知りたくて僕は開園以来毎週ディズニーに
ところでケルマさんがさっき言っていた「宇宙を作り出すイマジネーション」について……
もう少し詳しく教えてもらっていいですか？
毎週ディズニーに行ってるの!?
でもディズニーは進化しつづけるので全然追いつかなくて…!
うむ！

たとえるなら茶道だな！
茶道とは単にお茶を飲むための空間ではない！
礼儀や作法 庭園なども計算され尽くし 一つの宇宙を表現しているのだよ！
狭い茶室に入るのも争いをなくし周辺視野情報を効果的に機能させるための工夫なのだ！
茶室では心の平安さと静寂さが達成されるのだよ それと同じようにディズニーランドでは子どもの心が達成されるのだ！
つ……つまり？
ディズニーランドは巨大な茶室なのだっ!!
パパーン!!
そ……そうなの〜っ!?
ガーン
キラ キラ
イマジネーションこそが多次元宇宙の扉を開くのだよ！ それは単なる空想ではない！
人はイマジネーションによって多次元宇宙を作り出すことができるのだ!!
キラ キラ
へぇ〜っ！ へぇ〜っ!!
やっぱりW《ウォルト》・ディズニーはすごいなあ〜
ホロリ
くすっ…
本当そうですよね

リタちゃん やっと自分から 笑ったね！
にっ
えっ？
おいら…… リタちゃんにはもっと 笑ってほしいんだ！
確かに今は 大変な状況かも しれないけど
先に笑えば 笑えることがやって くるっていうしさ
リタちゃんが笑ったら おいらたちも元気に なれる気がするよ！
え……
かあっ…
そういやぁ おいら
リタちゃんに 渡したいものが あるんだ！
これ！ ディズニー世界の お土産だよ！
私に…… ですか？
リタちゃんだけ 列車で留守番 してたから…… 少しでも いい思い出を 共有したいと 思ってさぁ～
あ…… ありがとう ございます
青春だなぁ
青春 ですねぇ
ほぅ…
コク コク

……私
誰かから
こうして
何かを
頂くのって
初めてです……
ありがとう
ビー坊さん
パチッ
私……
大切に
しますね
おう！
ガッテンだっ
ガッテンは
違う気も
するが……
グッ!!
キキーッ…
あっ
次の目的地に
到着しましたね
ほう！
次はどんな
世界かなっ？
いそいそ

な……「悩める若者の世界」……？
悩める若者の世界 駅
NAYAMERU WAKAMONO NO SEKAI
なんていうか……素朴な駅ですね
こちらもヘルメット不要のエリアのようですね
ピッ
みなさんご自由に探索してきてください
僕はクラウズ君と楽器のメンテナンスしてますね
今さら若者の世界ってガラでもないし
うむ！しっかり楽器をいたわってくれたまへ！
シャッ!
この旅に大切なのは自発性なのさ！
来たい者はついて来たまえ！
おーっ!!
いざ「悩める若者の世界」へ～!!

超時空のひみつ

Part 3

なぜ生物は生きるのか？

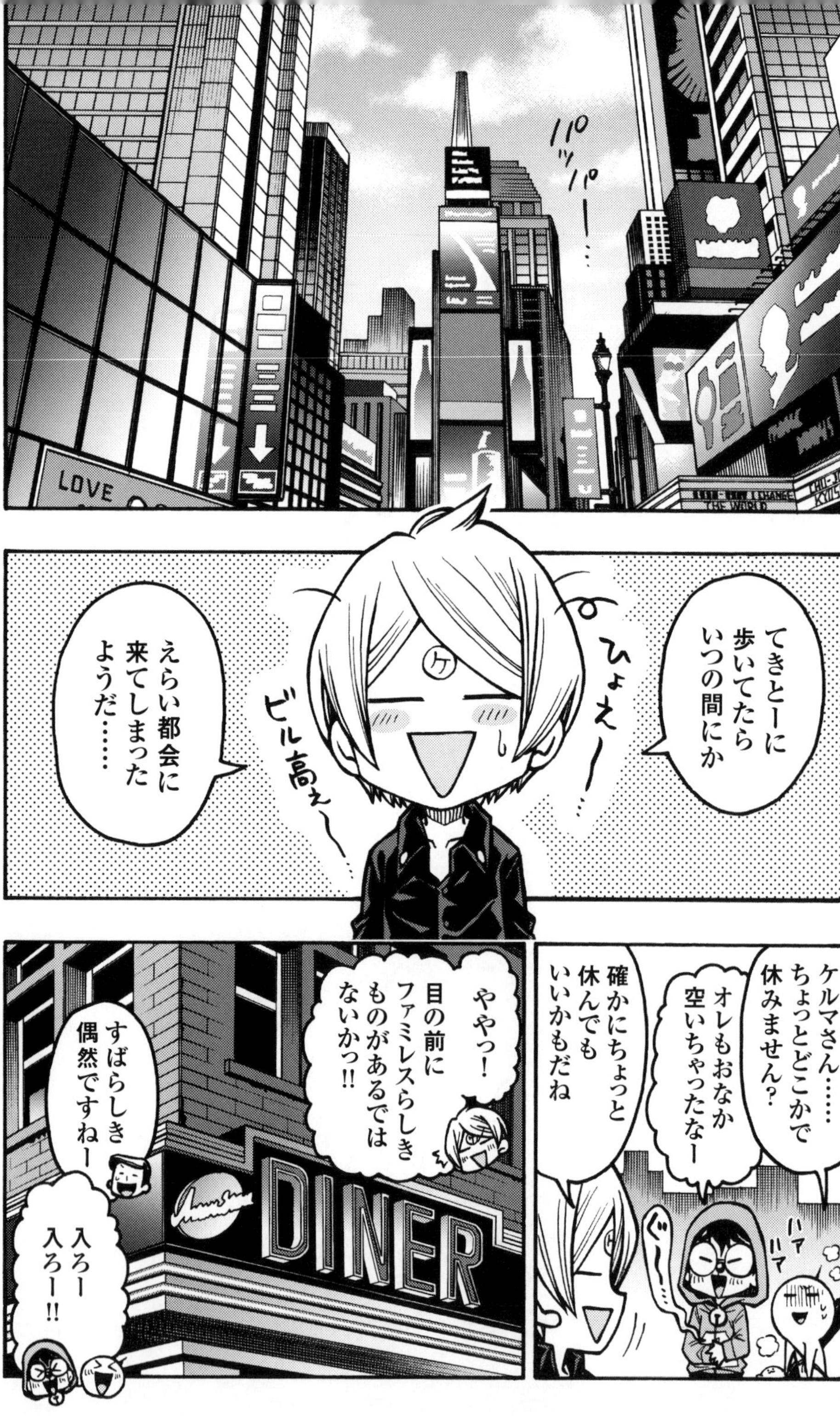
パッパー…
てきとーに歩いてたらいつの間にか
ひょえ～…
ビル高え～…
えらい都会に来てしまったようだ……
ケルマさん……ちょっとどこかで休みません？
オレもおなか空いちゃったなー
確かにちょっと休んでもいいかもだね
ぐ～…
ハァハァ
ややっ！目の前にファミレスらしきものがあるではないかっ!!
DINER
すばらしき偶然ですねー
入ろー入ろー!!

ガーーッ
イラッシャイマセー♪
ふぅー お疲れ お疲れ！
やっと一息 つけそう ですねー
オレ アイスコーヒー 飲みたいなー
私は オレンジジュース かなー
承知 シマシタ
ん??
パカ
ガーッ
ガーッ
スーー…
チーン♪
オ待タセ シマシタ アイスコーヒートオレンジジュースデス
おお！ イッツ オートマ ティック!?
ほほ〜う！
じゃ〜ん!!

どうやら ここは…… すべてが オートメーション化 されたハイテクな 世界のようだなっ!!
じゃあさ じゃあさ! チョコレート ケーキと! 枝豆と! 焼き鳥も 頼めるかなっ
承知 シマシタ
チーン♪
シャッ!!
おお! 何でも 出てくるよ!
でもなんか…… あまり外に 人がいないよね
うむ 街の感じは 現代とそっくり なのだが……
し〜ん…
ソレハ 若者タチガ皆 引キコモッテ イルカラデスヨ
シャッ!!
うわぁ!?
ビクッ
ウエイトレスが…… AI!?
何ヲ 驚イテ イルノヤラ
数年前カラ ズットソウジャ アリマセンカ?
コノ世界ハ 能率ト効率ヲ 優先サセタ結果 人類タチガ創ッタ 夢ノヨウナ世界……
人類ガ働クノハ 最低限デ イイノデス
ヨッテ スベテノコトハ AIガ管理シテ イルノデスヨ

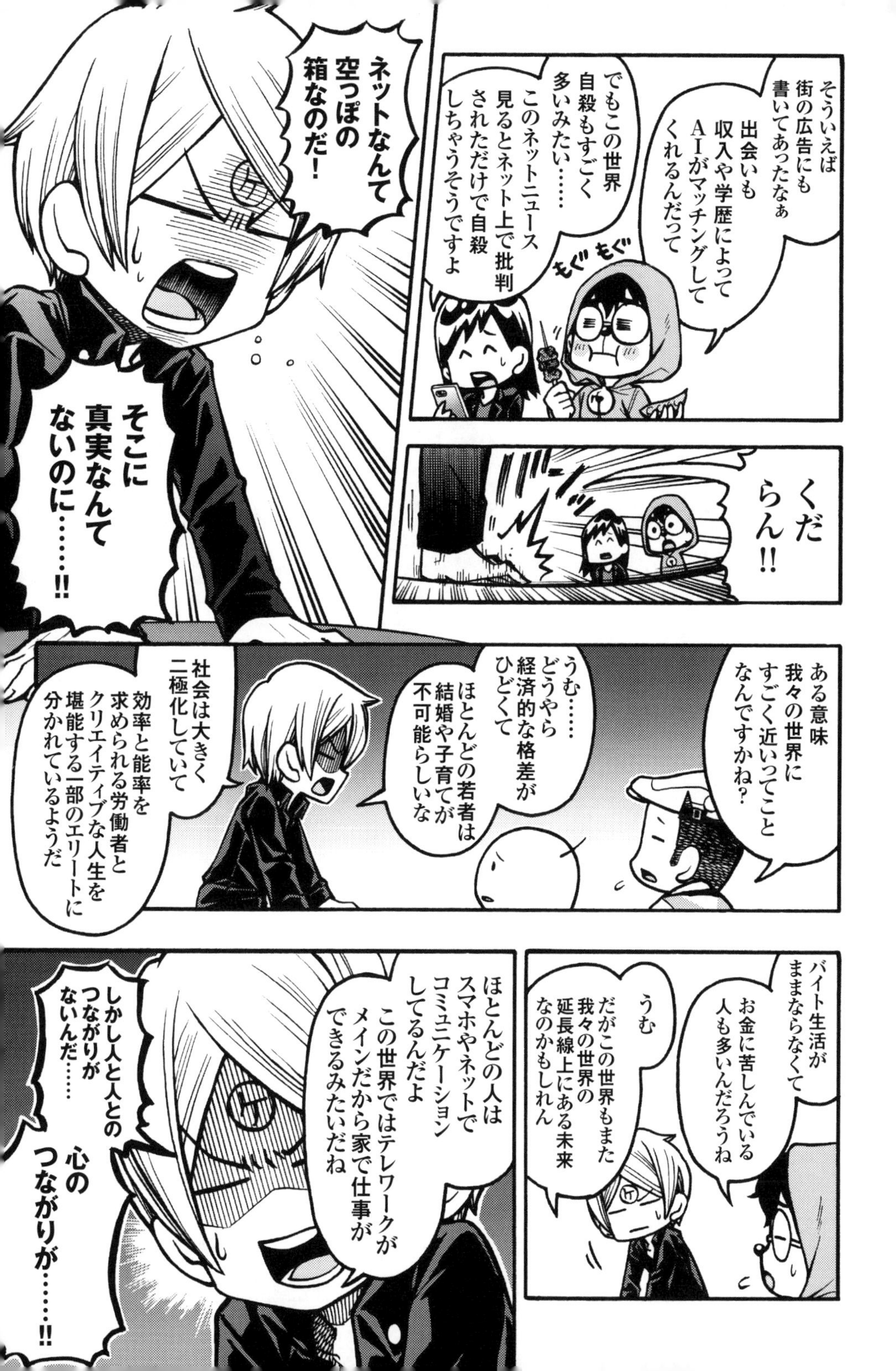

そういえば街の広告にも書いてあったなぁ
出会いも収入や学歴によってAIがマッチングしてくれるんだって
もぐ もぐ
でもこの世界自殺もすごく多いみたい……
このネットニュース見るとネット上で批判されただけで自殺しちゃうそうですよ
くだらん!!
ネットなんて空っぽの箱なのだ!
そこに真実なんてないのに……!!
ある意味我々の世界にすごく近いってことなんですかね?
うむ……どうやら経済的な格差がひどくて
ほとんどの若者は結婚や子育てが不可能らしいな
社会は大きく二極化していて
効率と能率を求められる労働者とクリエイティブな人生を堪能する一部のエリートに分かれているようだ
バイト生活がままならなくて
お金に苦しんでいる人も多いんだろうね
うむ
だがこの世界もまた我々の世界の延長線上にある未来なのかもしれん
ほとんどの人はスマホやネットでコミュニケーションしてるんだよ
この世界ではテレワークがメインだから家で仕事ができるみたいだね
しかし人と人とのつながりがないんだ……
心のつながりが……!!

人とのつながりがないと……人は生きる意味を感じられないのだよ
確かに人と人がつながるとさまざまなストレスも発生するのだよ
しかしそれを乗り越える方法はある！
そりゃどんな?
ニッ
人のコミュニケーションには
言葉のコミュニケーションと無意識レベルのコミュニケーション……
つまりテレパシーコミュニケーションがあるのだ
サッ！
ことば
テレパシー
人間関係がややこしくなるのはこの言葉のコミュニケーションとテレパシーコミュニケーションが分離しているからなのだよ
カッ
カン
ことば
テレパシー
これを解決する方法は単純だ
言葉のコミュニケーションとテレパシーコミュニケーションを一致させたらいい
ことば
テレパシー
（ムイシキ）
ピタ…

つまり「正直」であればいい
……ということだね
ことば
テレパシー
（ムイシキ）
正直……ですか？
恋愛は人と人の間にある壁を乗り越えようとする一番基本のアクションだっ
いま正直にならないでなんとするっ!?
おお〜っ!!
グッ!
焼き払えっ!!
くわっ
※クシャナ殿下？それちょっと違いますからっ
RRRR
ハッ!?
ありゃスーパーさんから電話だ
はいはいケルマです〜
ピッ

※『風の谷のナウシカ』参照

ケルマさんっ
いつまでその世界で
ゆっくり
してるんです!?
もう列車が
出発するみたい
ですよ!
早く帰って
来てください!!
カーっ
列車はもう
目の前に
いますからっ
あっ
ほんとだ!
では
みなさん
参ろうか!
ガしっ
オ客サン
オ勘定!
おお
そうか
そうか
ではこれで
足りるかな?
スミマセン
オレが
頼んだのに
ソンナ昔ノオ金
受ケ取レマセン
え!
サ〜…
マサカアナタ達
無銭飲食スル
ツモリジャア
即刻警察ニ連絡シテ
逮捕シテモライマス!!
ビーッ
ビーッ
ジャキーン
ひいいいいっ!?!
そのための
ウエイトレス!?

みっみんなっ
早く列車まで
走るのだっ!!
ダッ!!
ガッテン
だっ!!
わーわー
マテー
バタン!!
アッ!!
ハアッ…
ハアッ…
あ……
危なかったぁ
ぐったり…
ハァ… ハァ
ドンドン
みなさん
大丈夫ですか?
リタちゃん!
早く列車を
発進させるのだっ
はい!
コラーッ
金払エーッ!!
この世界で一つ
学んだことは……
AIに「正直さ」は
あまり通用しないと
ゆーことだっ
ゲ…!!
それドヤ顔で
いわれてもなぁ

ケルマさん 私 お茶でも持ってきましょうか?
じつは ドリンクバー見つけちゃったんですよねー
待つのだ たっぺんよ!
もう一つ この流れで伝えたいことを思い出したのだ
ここは私も一緒に行くとしよう
オレも行くー
ガラッ
食堂車
ほら ケルマさん ここが食堂車ですよ
わー!!
ほほーぅ! こりゃあ何でもありそうだなぁ!
さて アレはあるかなー?
ガラッ
アレ?
たっぺんよ さっきの能率と効率の世界だが…… 何か物足りないとは思わなかったかね?
…何か…ですか?
何でもAIにやってもらって好きなものを好きなだけ食べられて……
「でも、それだけ」って感じかなぁ
満足感が少ないというか……
おっ あったぞ!

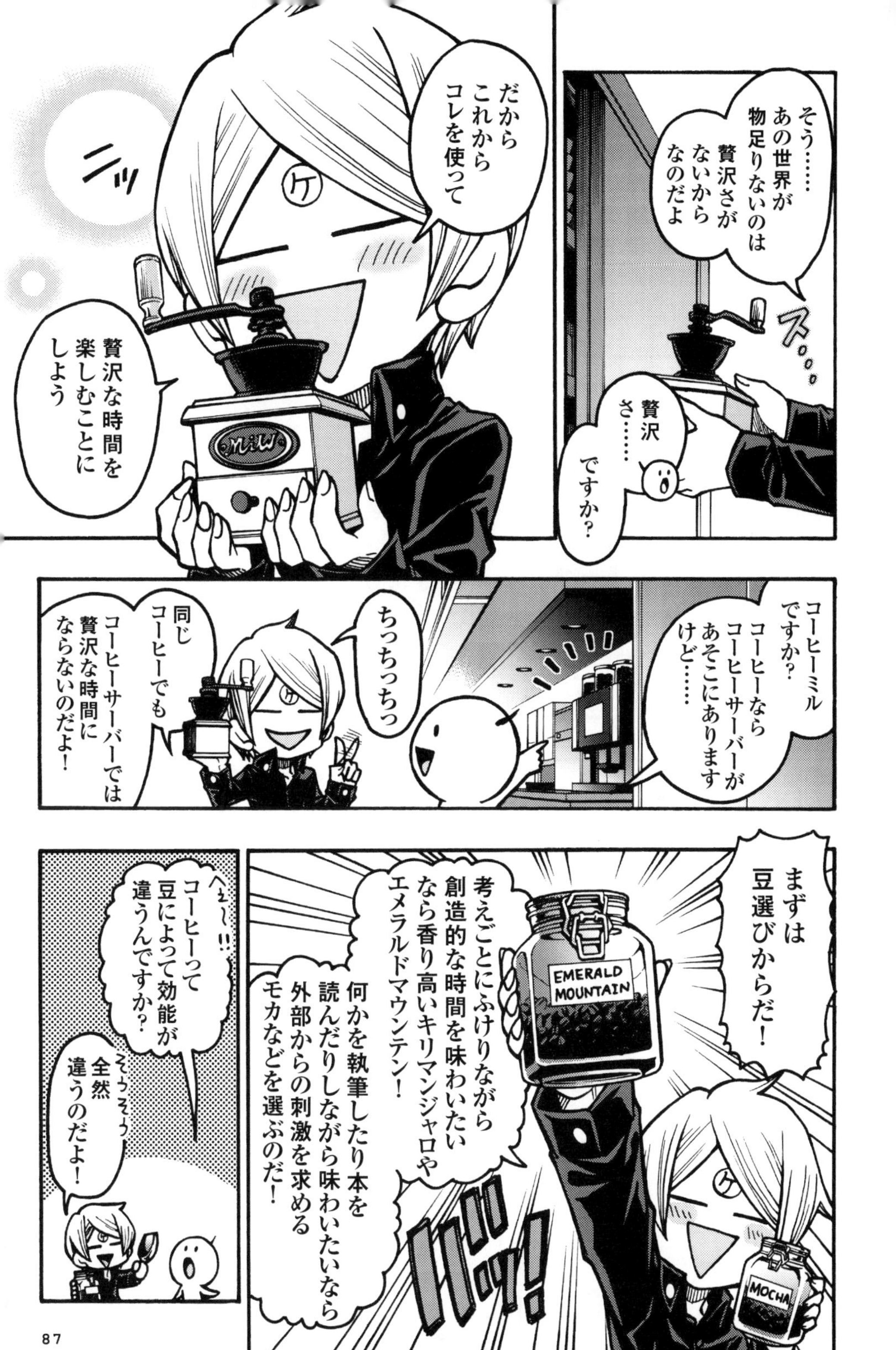
そう……あの世界が物足りないのは贅沢さがないからなのだよ
ス…
贅沢さ……ですか?
だからこれからコレを使って
ニッ
贅沢な時間を楽しむことにしよう
MW
コーヒーミルですか?コーヒーならあそこにコーヒーサーバーがありますけど……
ちっちっちっちっ
同じコーヒーでもコーヒーサーバーでは贅沢な時間にならないのだよ!
まずは豆選びからだ!
考えごとにふけりながら創造的な時間を味わいたいなら香り高いキリマンジャロやエメラルドマウンテン!
何かを執筆したり本を読んだりしながら味わいたいなら外部からの刺激を求めるモカなどを選ぶのだ!
EMERALD MOUNTAIN
MOCHA
バババッ!!
へえ~!! コーヒーって豆によって効能が違うんですか?
そうそう全然違うのだよ!

さらには選んだ豆を手回しのミルでゆっくりと挽《ひ》くのだ
ゴ〜リゴ〜リゴ〜リゴ〜リ♪
このとき音楽は重要なのだよ
BGMは必須だな
そして挽いた豆をサイフォンでドリップするか
水出しするか
煮出すかで
味もコクも全く違うものになるのだよ
サイフォンでドリップ。
水出しコーヒー。
煮出しコーヒー。
へぇ〜〜！なんか大変な手間だけど
なんか楽しい〜〜！
そして夕日をバックに列車の席に座り
音楽を聴きながらコーヒーを飲みつつマンガを読む……
ダバダ〜
ダバダ〜♪
なんだか時間と空間に
味わいと香りが満ちてきます〜
ペラリ
ダバダ〜
ダ〜バ♪
実に充実した
贅沢な時間だ……
わ〜なんかめっちゃ
幸せだなぁ〜!!
ダバダ〜
ダバダ〜♪
バ〜♪

これが贅沢な時間なのだよ
この世界は能率と効率を優先しすぎるために贅沢な時間が失われているのだ
簡単にいえば……
幸せが消えているのだよ
ズズ…
なぜ生物は生きるのか?
答えは簡単だよ
幸せのために生きるのだ
例えば単細胞生物のゾウリムシはなぜ生きるのかというと
分裂する時に快感物質が発生するからなのだよ
ゾウリムシさん
分裂
しあわせ～
快感!!
すべての生物はそうだ
太古の昔……
生物はさらなる快感を得ようと
「複雑化」することにしたのだね
オス
メス
受精
オタマジャクシ!!
有性生殖の例
そこで雄と雌に分離したのだよ
無性生殖から有性生殖に進化したのだ
その結果得られる快感が激しく増大したのだね

そして生物はさらなる快感を求めたのだよ
草食と肉食に分離して生態系を作り
CO_2
O_2
さらに多種多様に分かれ
複雑化することでさらなる快感が発生するようになったのだ
まるで「ピタゴラスイッチ」だね
単純な結果を得るために複雑怪奇な仕掛けを積み重ねるのだよ
例えばひと昔前のオーディオマニアはレコードの音質にこだわったのさ
レコード針、レコードクリーナーやアンプ、スピーカーなど……
こだわりにこだわったのだよ
録音デシベルやケーブルにもこだわったのだ
こだわって複雑化するほど幸せが増すのだよ！
マンガ
パタン．
しかしCDが主流となり常に一定の音質が出てくるようになったのだね
それにCDは重要な音楽のエッセンスともいうべき非可聴域周波数をバッサリとカットしてしまっているのだよ
レコード時代のオーディオマニアが感じていた幸せはもはやないのだ
人生にも複雑化することで幸せが増えることってありますよね……
料理なんかもそうだよな～
オレは食べる方が好きだけどー
うむ！人間でいえば恋愛だってそうだぞ！
とおい目

例えば犬や猫ならば子孫を作るのはたやすい
しかし人間の場合気に入った異性を見つけてもすぐにはエッチしないのだ!
がぁっ
まっ!!
①まず電話番号やメールアドレスなどの連絡先を手に入れる必要がある
メアドおしえてよ
いいよー
②メールの内容から相手の心理状態を推論し交流頻度の状態を高め…
元気?
ピ
元気だよ
ピ
③そして映画や娯楽食事を共有することによって生活圏を共有し合うようになるのだ
おいしーねー♥
遠いなぁー
つら つら つら つら
この間にライバルが登場したりアクシデントが発生したりすればさらなる複雑化を楽しむことができるっ!
くわっ!!
『めぞん一刻』的なっ!?
④次に星の見える公園に行きチューをするのだ
しかしそこですぐに子どもを作ったりはしない!
⑤多くの場合お互いの養育能力及び経済能力の確認作業に入るのだ!
相手の活動状況やライフ残量も重要なポイントだ!
戦闘力3万6千…だとっ!?
ヒュウ
ウウウ…
ニヤリ
『ドラゴンボール』みたいなっ!?!

⑥やがてご両親に挨拶し 結納を交わして 婚礼の日取りを決め……
結婚式を挙げてやっと 受胎可能になるのだよ
ひぃ～
道のり 遠すぎ ますっ！
まぁさまざまな パターンが あるのだよ……
そんなだった かなぁー
人生を ゲームとして 捉えてみよう
一般的なゲームは じゃんけんと 同じで ・勝ち ・負け ・引き分け の3パターンだね
WIN
LOSE…
DRAW!
でもそれだけでは 快感が少ないから
さまざまに複雑化した ルールやシナリオや 伏線・イベントを 用意するのだよ
つまり 物語が必要に なるのだね
病気や別れ 挫折も…… 物語を構成する ギフトなのかもしれない
なぜなら 人生のゲームは必ず 死で終わるのだよ
だから 物語がないと ただ単に 生きて死ぬだけ なのだね
つまり 物語を作り出す 能力は
幸せを作り出す 能力でも あるのだよ

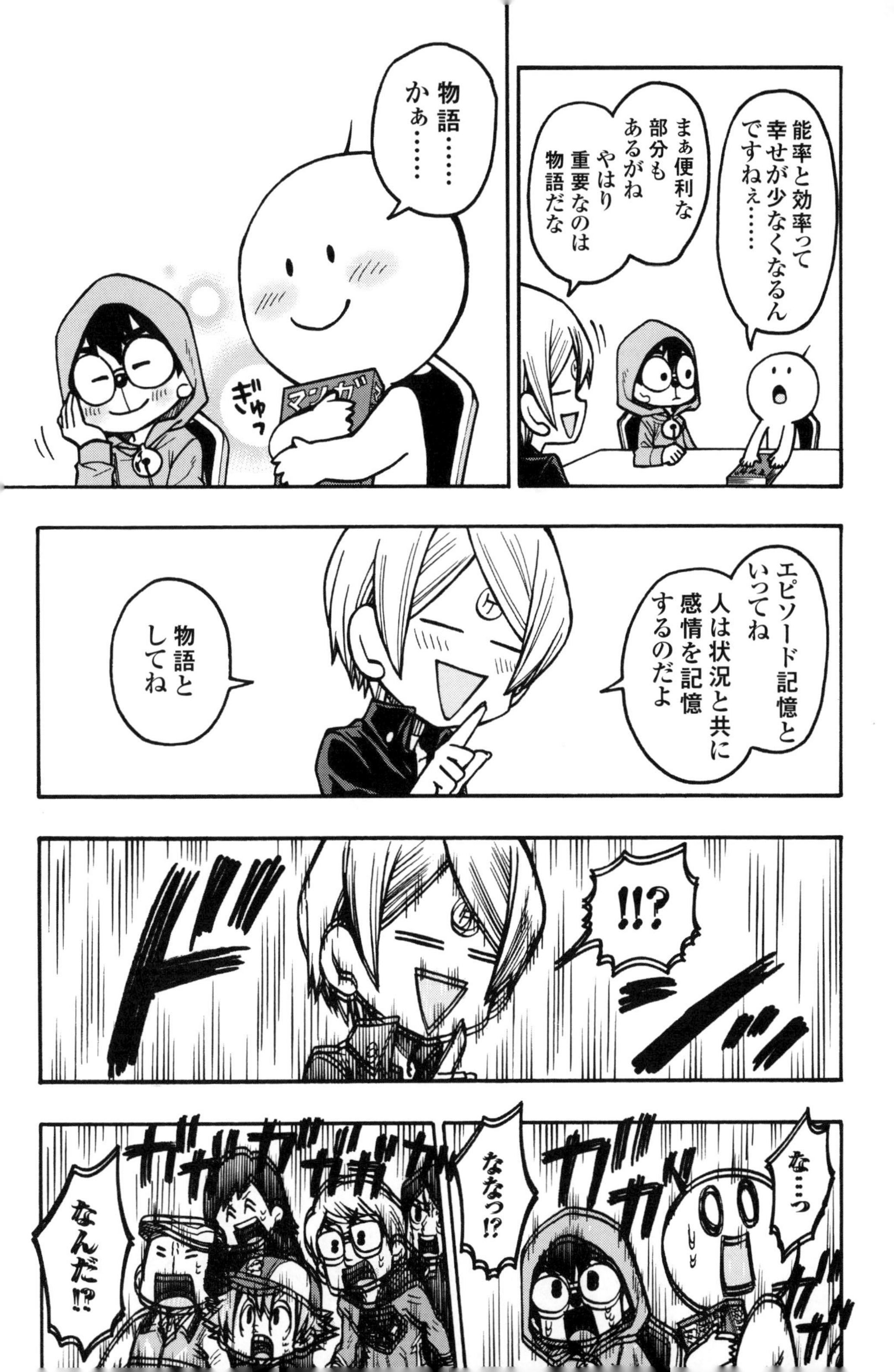
能率と効率って幸せが少なくなるんですねぇ……
まぁ便利な部分もあるがね やはり重要なのは物語だな
物語……かぁ……
ぎゅっ
マンガ
エピソード記憶といってね 人は状況と共に感情を記憶するのだよ
物語としてね
!!?
な…っ
ななっ!?
なんだ!?

パッ!
わっ!
ま……
真っ暗に!?
パパパッ!!!
ハッ!!
明かりが戻った…
のか!?
ケルマさんご無事でっ!?
おおっみんな!
無事でよかったよ
どっ
それで一体……これは何が起きたのだ?
それがわからないのです……
列車が突然ワープしてしまったようで
しかもなぜか着いたのがー

ド
む……無人島に漂着〜〜!?!
ザザーン…
ン
うーむ 皮肉にも今までとは真逆に……
能率と効率の悪さが体験できそうだなぁ
サク
サク
ひぃぃ……コーヒーサーバーのない世界……
大丈夫かな?
ひょこっ
いや待てよ?
でもリタさん!
食堂車は機能してるんですもんね!
無人島とはいえ必要なものはすべて列車でー
くるっ!
それが…
漂着時の衝撃で列車の電力が止まってしまって
列車内の明かりなどは予備電力でなんとか保っているようです
これから私は点検・修理にあたりますが
現時点では食堂車はおろか再び出発できるかすらわからない状況ですね……
あ……
サー…
了解でーす

このまま餓死とかしたらどうしよう……
!!
いやーなんとかなるでしょ!!
でもケルマさん ここのシュレーディンガー・レベルはプラス30ですぜ
うーーむ…
おそらくこの列車は我々の潜在意識を読み取って
必要な世界に漂着させるのかもしれないなぁ……
だがそれならば我々が死を望んでいない限り……
GUTS!!
ここで息絶えるということはないはずだっ!
我々は超常戦士なのだ!
みんなでこの局面を味わいつくそうではないかっ!!
お……
おお～っ!!
そしてその日から
カッ!
我々の生きる戦いが始まったのである
ケルマさーん 頼まれてた食材持ってきましたよ
パクチーにライムにハチミツにシナモンに これで何を作るんですかい?
ふっふっふっ
ゴリ♪
ゴリ
(炭酸水(&超常調味料)↑)
男子が大好きなアレを作るのだ……
どぼどぼ
シュオオオオ…
なんかスゴイ泡出てますけど
めっちゃにごってるし…

ゴク…
こ！
これはっ!!
コーラだぁあ～っ!!
ニヤリ
えっ
マジでマジで!?
わーっ!!
『Dr.STONE』でも有名なヤツです
一方
そ——…→
できた！土鍋!!
やったー!!
たっちゃんすごーい!!
パンパカパーン!!
じゃあ早速摘んできた水菜を入れましてー♪
ポイポイ
ちょっと待った!!
水菜を入れるのは一番最後！あんたは食器を用意して！
テキパキ
テキパキ
加賀屋さんはお肉を切ってね！
味付けはケルマさんに頼むとして……
ひぃぃっ
はいっ
こうして鍋奉行が誕生し
鍋から人類の政治経済のシステムが発展したのだよ
しみじみ…
なるほど…
納得です…

踊る人もいれば
踊ることで狩りの効率が上がるのだよ!
任せてくださいっ
カチコチ
カチコチ
※ロボットダンス
音楽を奏でる人もいたり……
ボンゴ♪
ボンゴ♪
ルピロン♪
ルピロン♪
マンガを描く人もいたりして……
ねぇたっぺんさん ここだけの話なんだけどさぁ……
おいら将来アニメーターになりたいんだけどさ……
絵がヘタだっていわれるんだ
どうしたら絵がうまくなるのかな?
う〜ん……それは難しい質問だ……
上を見れば上手な人はいくらでもいるからねぇ
うっ
私もまだまだ修業中よ…
でもさ
ビー坊はまだ10歳だもんね!
今は好きなものを好きなだけ好きなように描くのがいいと思うよ!
一番大切なのは好きだっていう情熱だよ〜!

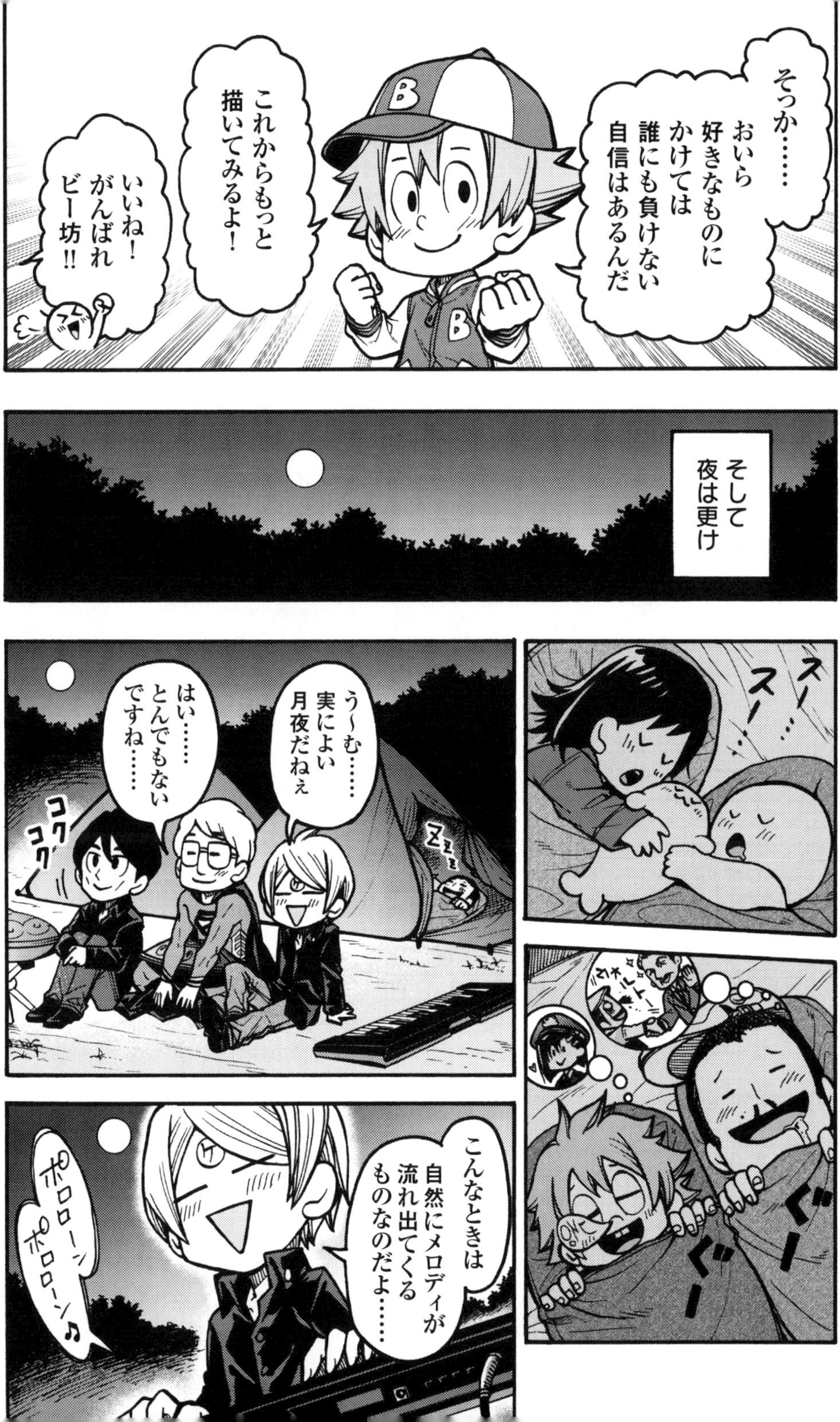
そっか……
おいら好きなものにかけては誰にも負けない自信はあるんだ
これからもっと描いてみるよ！
いいね！がんばれビー坊!!
そして夜は更け
スー…スー…
う～む……実によい月夜だねぇ
はい……とんでもないですね……
コクコク
Zzz
ぐーぐー
こんなときは自然にメロディが流れ出てくるものなのだよ……
ポロローン ポロローン♪

ルピロン♪
ルピロン♪
ボンゴ♪
ボンゴ♪
プァン♪
ポョン♪
ジレ～っ…
いいなっ
いいなっ
オレも
音楽やりたい
なぁあ～!!
キラ
キラ
キラ
そして
モテモテ
ミュージシャンに
なりたいっ!!
君も
やってみる
かね？
ハッ!!
いつのまにっ
ポン
君には
これを
授けよう！
テケテ
テテッ
テテー!!
4096
C
クリスタル・
チューナ～～～!!

しかしこれ……どうやって演奏すればいいんだろ?
チィーン♪
頭で考えないでただリズムに乗ればいいんですよ
自分の身体のリズムに
身体のリズムに?
ほら人間の心臓ってリズムを刻んでますよね
音楽をしているときは心臓の鼓動も共鳴するんです
なるほど
身体の中にリズムがあるのか
例えば心臓の細胞はそれ自体が振動しているんですよ
ドクン
ドクン
作画協力.
←ケルマさん
バラバラにCUT!!
ドクドク
バクバク
ドキドキ
再集合!
ドクン
ドクン
バラバラに切り分けてやると一つひとつの細胞はそれぞれバラバラに振動してるんですけどね
このバラバラに分かれた細胞をひとかたまりに集めてやると……
チャカポコ♪
チャカポコ♪
おおっ
だんだん共鳴して同じリズムを打ち始めるのだよ
頭で考えながらやろうとしたらなかなかうまくいかないんだよね
僕も最初はそうでした
でも身体が動きたいように動かしてあげたらいいんですよ

スーパーさんも クラウズさんも 演奏しているうちに 共鳴していき
やがて一つの メロディラインを 形成していくのだよ
♪チャカポコ
チャカポコ♪
テクニックも コントロールも いらない 自然に 音楽になって いくのだね
それが ケルマ楽団 なのだ
そ…… そうか!
チャイイイ～ン♪
うまく演奏する 必要など ないんだ!
チャイィ～ン…
自分 自身の……
身体のリズムを 聴くのだぁ あああ!!
チャカポコ♪
チャカポコ♪
チャイ～ン♪

オレ……
モテモテ
ミュージシャンに
なるからっ！
っていうか
もうモテモテ
だからっ
そう！
チャィィ～ン♫
チャカポコ♪
チャカポコ♪
頭ではなくっ
身体を先に
動かすんだっ!!
チャイ～ン♪
ニヤリ
脳内でモテモテ
ミュージシャンの
イマジネーションが
爆発する
青いターミネーター
（推定年齢40代後半）が
爆誕です
そして
翌朝
みなさん！
列車が再起動
しましたっ
次の目的地へ
向かいましょう！
おおっ!!

タタンタタン
タタンタタン
なんか名残り惜しいですね……
不便だけどめっちゃ楽しかったなぁ……
なんだか幸せな時間でしたね
スッ
うむ
これが贅沢な時間ってやつだよ
photo by RITA

超時空のひみつ

Part 4

超科学について

ぼーっ…
なんだか飛行機に乗ってるんだか列車に乗ってるんだかわからなくなるなぁ
タタン タタン
おっ 次の世界が見えてきたぞ
次の世界も先ほどとかなり近い時空ですしね
次の目的地は科学の世界です
バッ!
何!?
か……科学の世界だって〜っ!?
ブーーッ!!
ケッ ケルマさん!?
鼻血! 鼻血出てますよっ!!
はい ティッシュ!
何を隠そう私は熱狂的な科学マニアなのだよ!
そんな世界が存在するとは
オラ ワクワクしてきたぞ!!
そうだったんすか!
それは楽しみですねー
フンッ フンッ
キキーッ
到着しました
ではみなさん楽しんでー
この世界では各自自由行動を命ずるっ
諸君 また後で会おう!
ピューッ
ケルマさん〜!?
自由すぎますっ

………
あれっ?
だから！超能力というもんは存在するんだといってるだろう!?
ギャーギャー
誰がそんな非科学的なものを信じるというんだ!?
……
意味論といってだなぁ！科学で証明できるものが絶対的とは限らんのだよ
このわからずや!!
じゃあ科学とは何のためにあるというんだ!?
そういうお前だって科学者のくせに!!

何を〜!?
ひいっ
ガッ!
このっ
このっ
ガスッ!
ガスッ!
やんのか
コラッ!!
シュボッ
こ……
これは
見てられんっ
逃げるのだ
みんなっ
は
はいっ!!
ダッ
はぁ〜
講義室1
せっかく本物の科学者の
研究室を見つけたと
喜んでたのに……
いよいよ
潜入するぞ!!
科学研究室
わく
わく
あんなバイオレンスな
空気になるとは……
科学者
とんでもない
ですね……
う〜む
ちなみにシュレーディン
ガー・レベルは
マイナス20ですぜ
Lv.-20
科学の世界って
割には
意外と現実的では
ないんだね
ぶっちゃけ
いってしまうと
科学とは
終わりなき仮説
なのだ
何か真実と
されるものが
見つかっても
数年後には
もっと新しい真実が
発見されるのだよ

つまり絶対的ってわけではないんですね？
うむ！
しかしほとんどの人は科学を真実だと勘違いしているのだ
単なる仮説に過ぎないのにだよ
これはある意味危険かもしれないね
何かを真実だと断定することはそれ以外の可能性を否定してしまうのだ
カッ！
こんなときに役立つ無限の可能性を広げる魔法の言葉が「かもしれない」だっ!!
「かもしれない」ですか？
うむ
例えば
「宇宙人はいるかもしれない」！
「超能力はあるかもしれない」!!
「大地震は起こるかもしれない」!!!
ガタッ!!
おおっ！
すべてが玉虫色になっていきますぜ!!
この「かもしれない」は自動車学校で学ぶ高度なテクニックなのだ！
「あの車は覆面パトかもしれない」!!
●●自動車学校 34
ドキ
ドキ
なるほどっ!!
重要ですぜ!!

科学の世界では客観性と再現性が重要と考えられているが
実はこれもけっこう不安定なものだ
主流ではないが未知を探求する〝非主流科学〟というのがあるのだ
ここでは不思議な非主流科学について語るとしよう
ザッ

非主流科学・その①「リバーススピーチ」

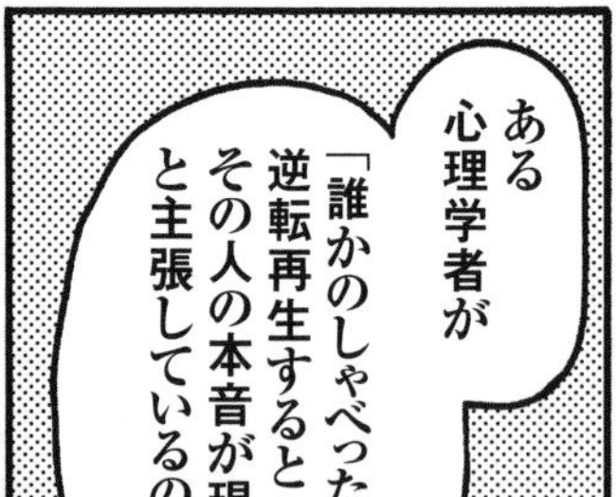
ある心理学者が「誰かのしゃべった言葉を逆転再生するとその人の本音が現れる」と主張しているのだよ
どかっ

これがリバーススピーチなのだ研究者によって発表されたケースの中には
「STAP細胞で有名な女性研究者のリバーススピーチに意味深なメッセージが現れた」とか……
「大統領のリバーススピーチにとんでもない本音が出てしまった」などの事例が
都市伝説業界では知られています

●参考図書／水守啓著『リバース・スピーチ 音声を逆再生すると、不都合な真実が暴かれる‼』

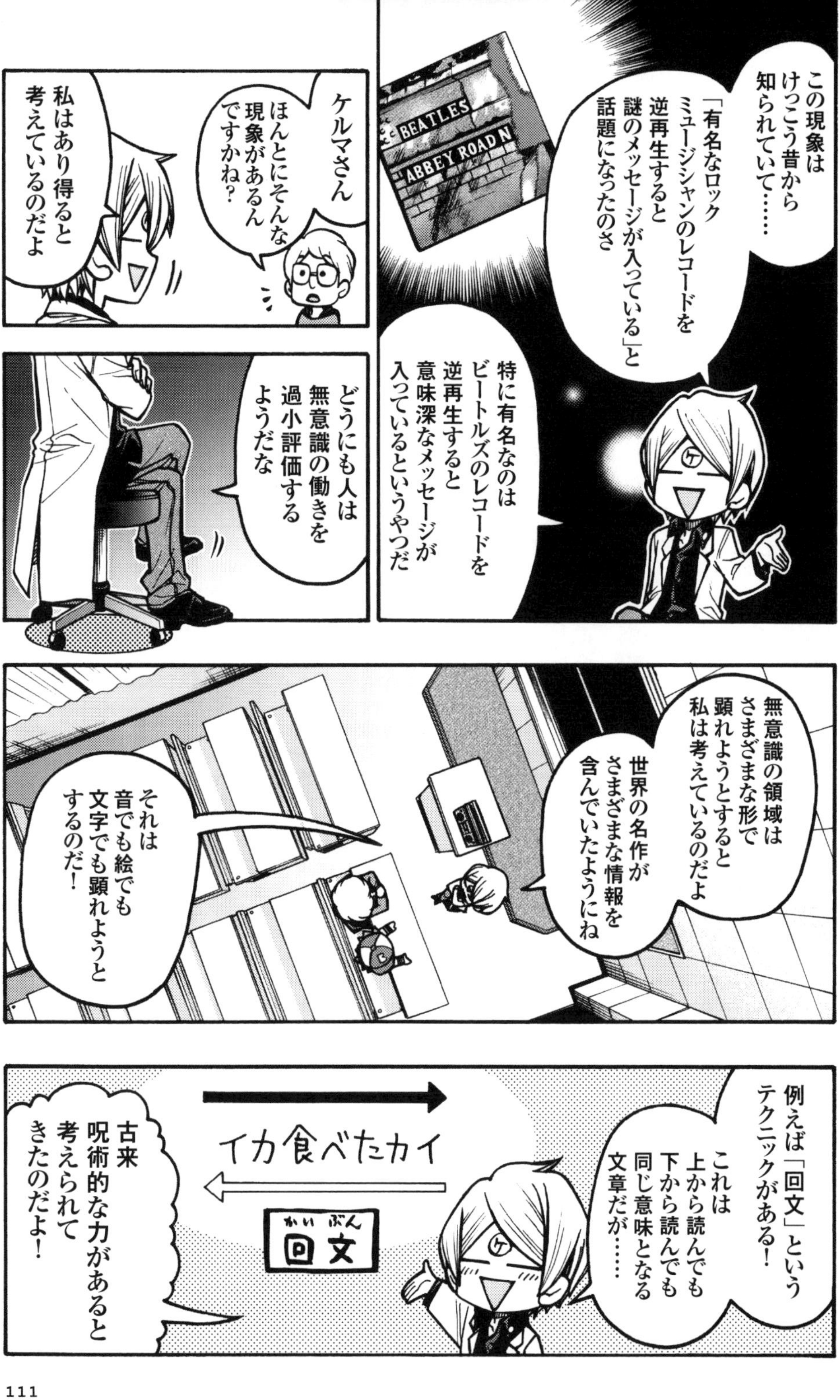
この現象はけっこう昔から知られていて……
「有名なロックミュージシャンのレコードを逆再生すると謎のメッセージが入っている」と話題になったのさ
BEATLES
ABBEY ROAD N
特に有名なのはビートルズのレコードを逆再生すると意味深なメッセージが入っているというやつだ
ケルマさんほんとにそんな現象があるんですかね?
私はあり得ると考えているのだよ
どうにも人は無意識の働きを過小評価するようだな
無意識の領域はさまざまな形で顕れようとすると私は考えているのだよ
世界の名作がさまざまな情報を含んでいたようにね
それは音でも絵でも文字でも顕れようとするのだ!
例えば「回文」というテクニックがある!
これは上から読んでも下から読んでも同じ意味となる文章だが……
イカ食べたカイ
回《かい》文《ぶん》
古来呪術的な力があると考えられてきたのだよ!

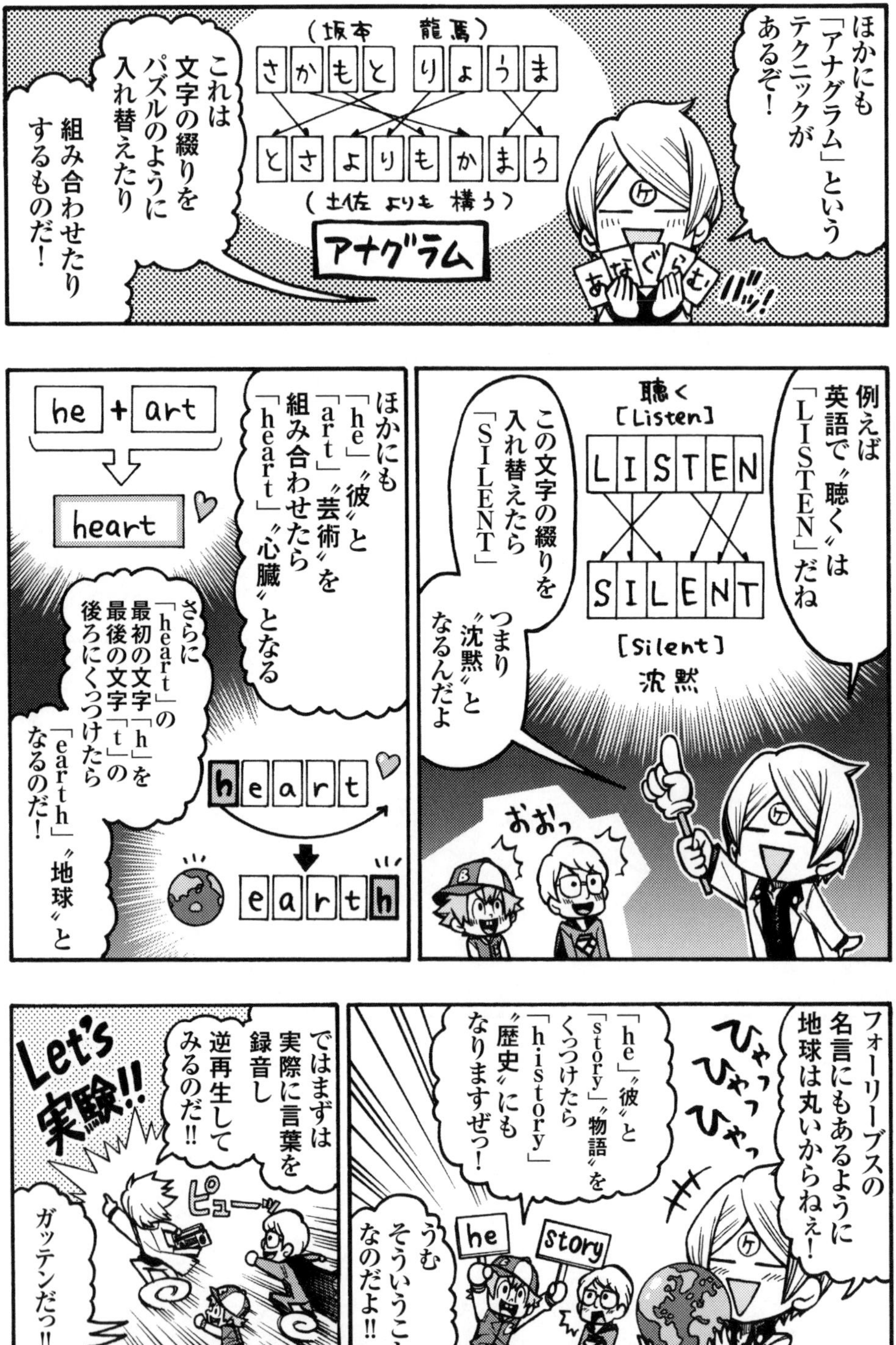
ほかにも「アナグラム」というテクニックがあるぞ！
（坂本 龍馬）
さかもと りょうま
とさよりもかまう
（土佐 よりも 構う）
アナグラム
あなぐらむ
バッ！
これは文字の綴りをパズルのように入れ替えたり組み合わせたりするものだ！
例えば英語で〝聴く〟は「LISTEN」だね
聴く
[Listen]
LISTEN
SILENT
[Silent]
沈黙
この文字の綴りを入れ替えたら「SILENT」
つまり〝沈黙〟となるんだよ
おおっ
ほかにも「he」〝彼〟と「art」〝芸術〟を組み合わせたら「heart」〝心臓〟となる
he + art
heart
さらに「heart」の最初の文字「h」を最後の文字「t」の後ろにくっつけたら「earth」〝地球〟となるのだ！
heart
earth
フォーリーブスの名言にもあるように地球は丸いからねぇ！
ひゃっひゃっひゃっ
「he」〝彼〟と「story」〝物語〟をくっつけたら「history」〝歴史〟にもなりますぜっ！
he
story
うむ そういうことなのだよ!!
ではまずは実際に言葉を録音し逆再生してみるのだ!!
Let's 実験!!
ピューッ
ガッテンだっ!!

― リバーススピーチの実験 ―

もしかすると人は無意識のうちにリバース・スピーチを感じ取り相手の本音を無意識で理解しているのではと

私は考えているのですよ

ポチッ

だから信頼される人は発言内容とリバーススピーチに差がないことが多いようです

要するに意識と無意識が一致しているのだね

つまり「正直さ」が大事だと

私は考えているのだよ

ことばでテレパシー（ムリヤリ）

ー「身・口・意」の話ー

おっ！前方に青いターミネーター発見！

あっケルマさんだ

オレ今新しい本を書いてるんです！

どうしたら読者さんにもっと言葉を深く伝えられるかなって考えてたんですけど

ケルマさんは何かご存じだったりしますかね？

わー！！

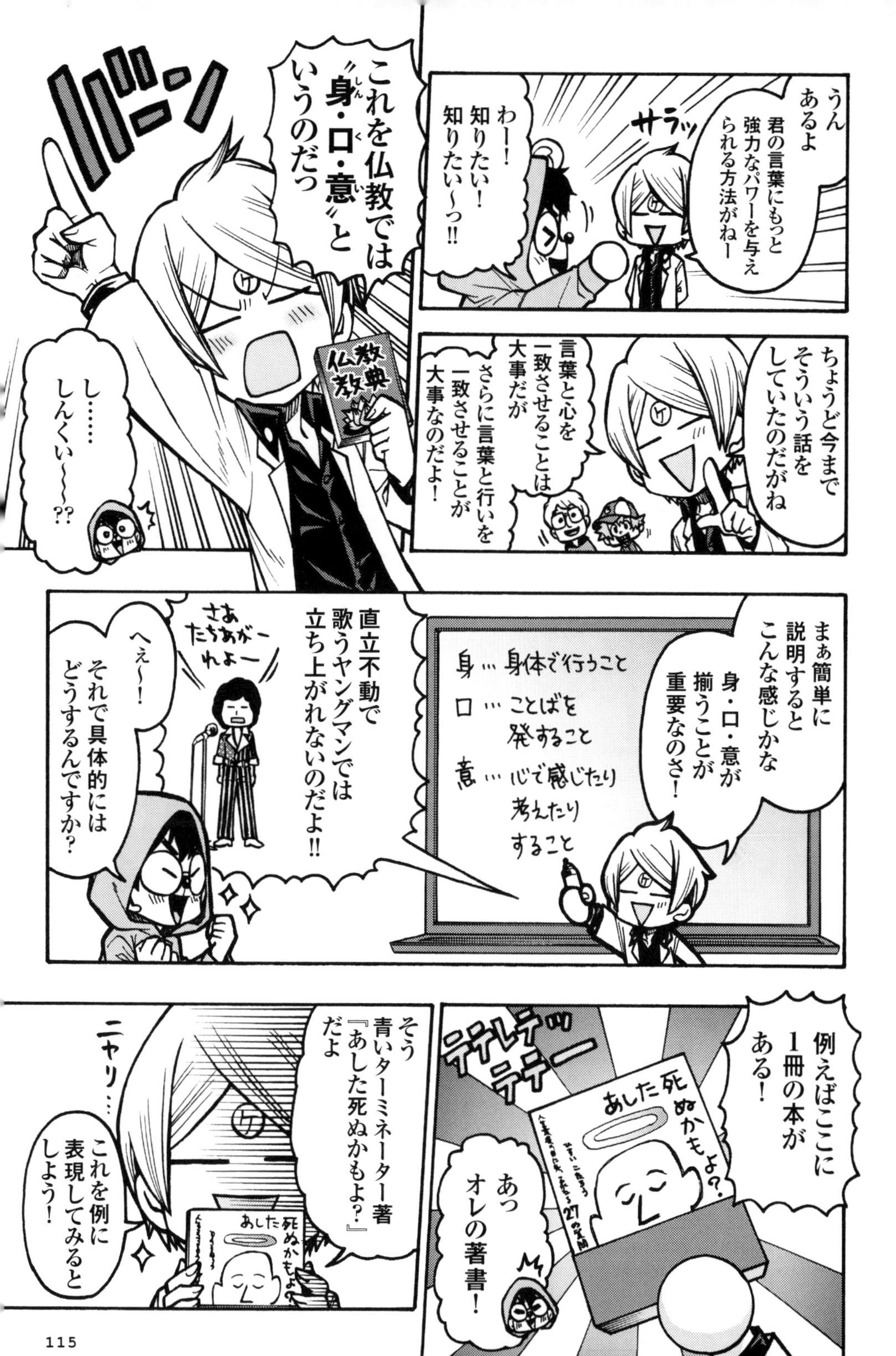

うん あるよ
君の言葉にもっと強力なパワーを与えられる方法がねー
サラッ
わー! 知りたい! 知りたい〜っ!!
ちょうど今までそういう話をしていたのだがね
言葉と心を一致させることは大事だが
さらに言葉と行いを一致させることが大事なのだよ!
ドーン
これを仏教では〝身《しん》・口《く》・意《い》〟というのだっ
仏教教典
し…… しんくい〜〜〜??
まぁ簡単に説明するとこんな感じかな
身・口・意が揃うことが重要なのさ!
身…身体で行うこと
口…ことばを発すること
意…心で感じたり考えたりすること
直立不動で歌うヤングマンでは立ち上がれないのだよ!!
さあ たちあがーれよー
へぇ〜! それで具体的にはどうするんですか?
例えばここに1冊の本がある!
テレレテッ テテー
あした死ぬかもよ?
あっ オレの著書!
そう 青いターミネーター著『あした死ぬかもよ?』だよ
ニヤリ…
これを例に表現してみるとしよう!

※青いターミネーターことひすいこたろうさん著『あした死ぬかもよ?』（ディスカバー・トゥエンティワン）は絶賛発売中ですよ(￣▽￣)

非主流科学・その② 「受動意識仮説」

あっ!!
青いターミネーターさん!!
やーっと見つけた!
ひいいっ!!
?
ビクーー!!
ごめんなさい!
ごめんなさい!
でもあれはオレのせいじゃないからっ!!
ビッ!!
サッ!
いいえっあなたのせいです!!
だからあれは坂本さんがそうさせたんだってば~
えっと…
食べたのはあなたでしょ!?
いい加減認めなさいっ
ギャー
ギャー
一体どうしたの?
坂本さんって?
それが私たち食堂で打ち合わせしてたんですけど
そのときモテモテミュージシャンを夢見る作家青いターミネーターは
幕末に関する本を書くために
坂本龍馬についてあれこれと考えていたのです
ぼーっ…
ところで8月のイベントの件はどうします?
そろそろ会場も決めたいんですけど
もぐもぐ
坂本さん
今この国はあなたの願ったものになっているでしょうか
もんもん
シャッシャッ
青いターミネーターさん聞いてます?
……ってああっ!!

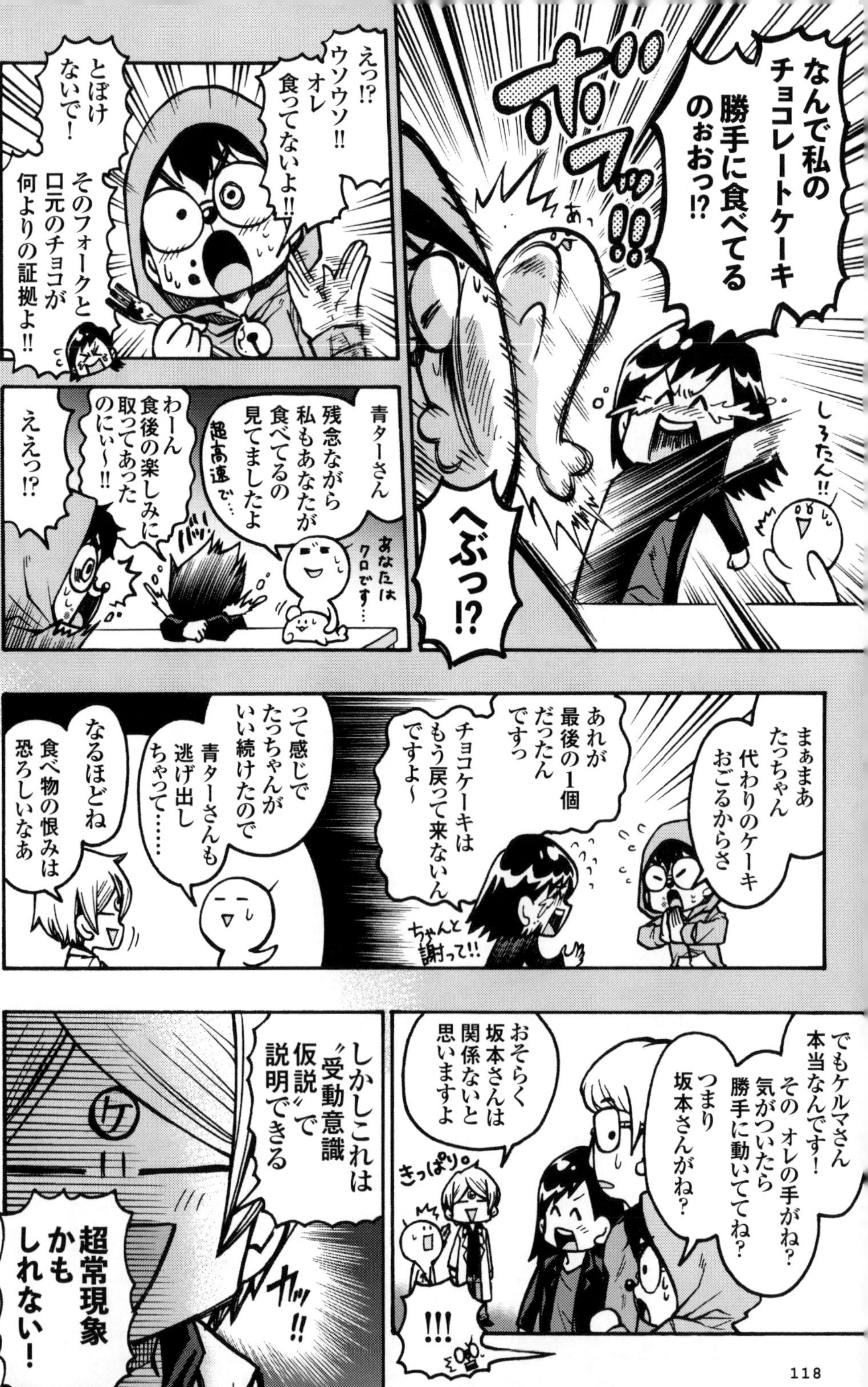

なんで私のチョコレートケーキ勝手に食べてるのぉおっ!?
あっ
しろたん!!
へぶっ!?
えっ!? ウソウソ!! オレ食ってないよ!!
とぼけないで! そのフォークと口元のチョコが何よりの証拠よ!!
青ターさん 残念ながら私もあなたが食べてるの見てましたよ
超高速で…
あなたはクロです…
わーん 食後の楽しみに取ってあったのにぃ~!!
ええっ!?
まぁまぁ たっちゃん 代わりのケーキおごるからさ
あれが最後の1個だったんですっ チョコケーキはもう戻って来ないんですよ~
ちゃんと謝って!!
って感じでたっちゃんがいい続けたので青ターさんも逃げ出しちゃって……
なるほどね 食べ物の恨みは恐ろしいなあ
でもケルマさん本当なんです! その オレの手がね? 気がついたら勝手に動いてててね? つまり坂本さんがね?
おそらく坂本さんは関係ないと思いますよ
きっぱり。
!!!
しかしこれは〝受動意識仮説〟で説明できる
超常現象かもしれない!
ガッ!!

●参考動画:「意識は幻想か?—「私」の謎を解く受動意識仮説」(https://www.youtube.com/watch?v=Ox8gJEIe5Ac)

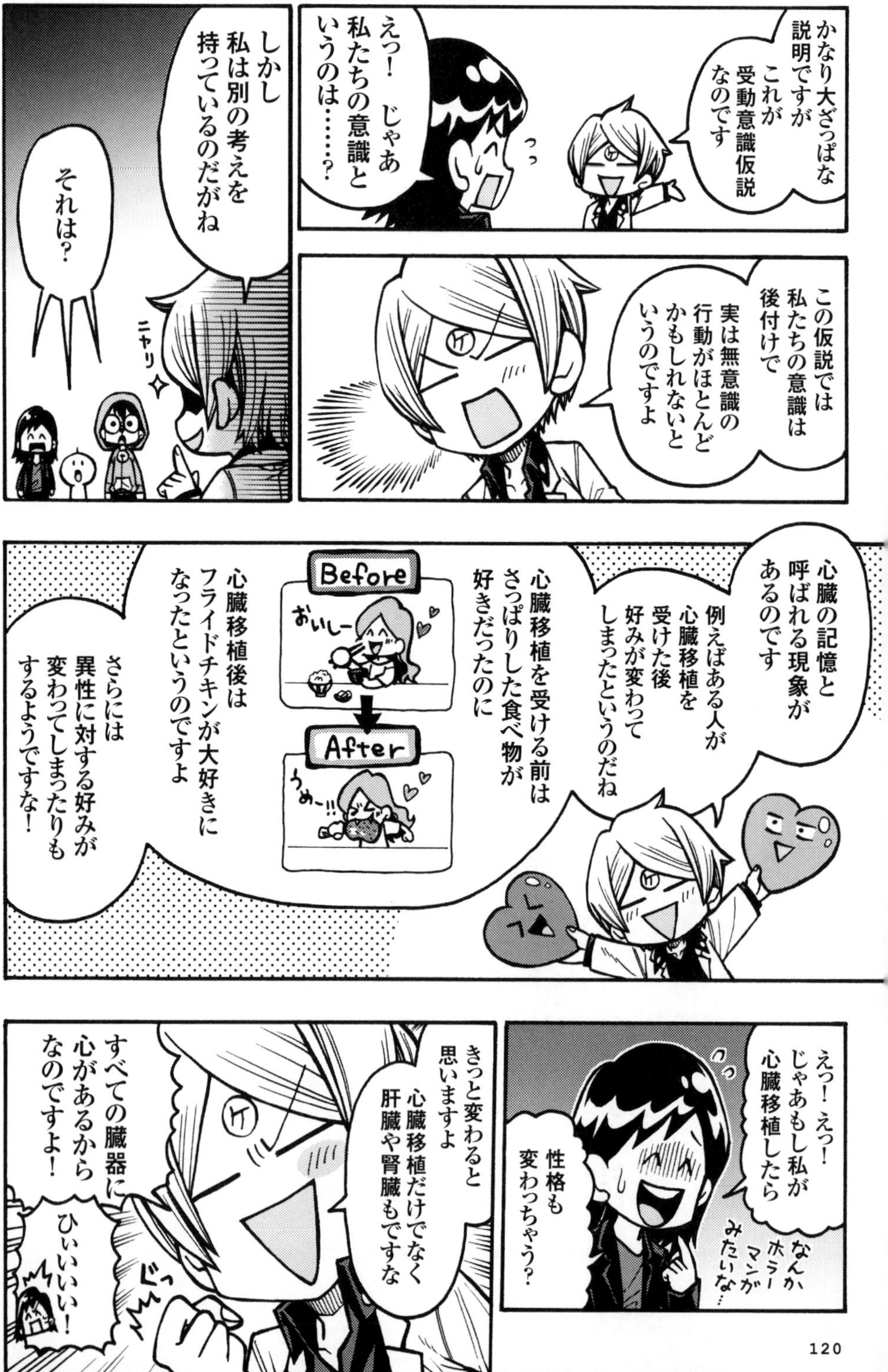
かなり大ざっぱな説明ですが
これが受動意識仮説なのです
つっ
えっ！　じゃあ私たちの意識というのは……？
この仮説では私たちの意識は後付けで
実は無意識の行動がほとんどかもしれないというのですよ
しかし私は別の考えを持っているのだがね
ニヤリ
それは？
心臓の記憶と呼ばれる現象があるのです
例えばある人が心臓移植を受けた後好みが変わってしまったというのだね
心臓移植を受ける前はさっぱりした食べ物が好きだったのに
Before
おいしー
After
うめ～!!
心臓移植後はフライドチキンが大好きになったというのですよ
さらには異性に対する好みが変わってしまったりもするようですな！
えっ！えっ！じゃあもし私が心臓移植したら
性格も変わっちゃう？
なんかホラーマンガみたいな…
きっと変わると思いますよ
心臓移植だけでなく肝臓や腎臓もですな
すべての臓器に心があるからなのですよ！
ぐっ
ひぃいいい！

『パパラギ』という本には白人の文明社会を初めて見たサモア諸島の酋長ツイアビの言葉がまとめられているのです
パパラギとは白人のことなのですよ
ツイアビの言葉はとても直感的で科学者よりもはるかに物事を捉えていると私は感じたのですね
パラ…
ツイアビがこんなふうに語っていました
考えること、考えたもの、「思想」―これは考えたことの結果である―は、パパラギをとりこにした。彼らはいわば、自分たちの思想に酔っぱらってるようなものだ。日が美しく輝けば、彼らはすぐに考える。「日はいま、なんと美しく輝いていることか！」彼らは切れ目なく考える。「日はいま、なんと美しく輝いていることか」。これはまちがいだ。大まちがいだ。馬鹿げている。なぜなら、日が照れば何も考えないのがずっといい。かしこいサモア人なら、暖かい光の中で手足を伸ばし、何も考えない。頭だけでなく、手も足も、腿《もも》も、腹も、からだ全部で光を楽しむ。皮膚や手足に考えさせる。頭とは方法が違うにしても、皮膚だって手足だって考えるのだ。（中略）パパラギという人間の中では、欲望と精神が敵意を抱いて対立しているようだ。彼らは、くだけてふたつに割れた人間だ。

●エーリッヒ・ショイルマン編著、岡崎照男訳『パパラギ』より引用

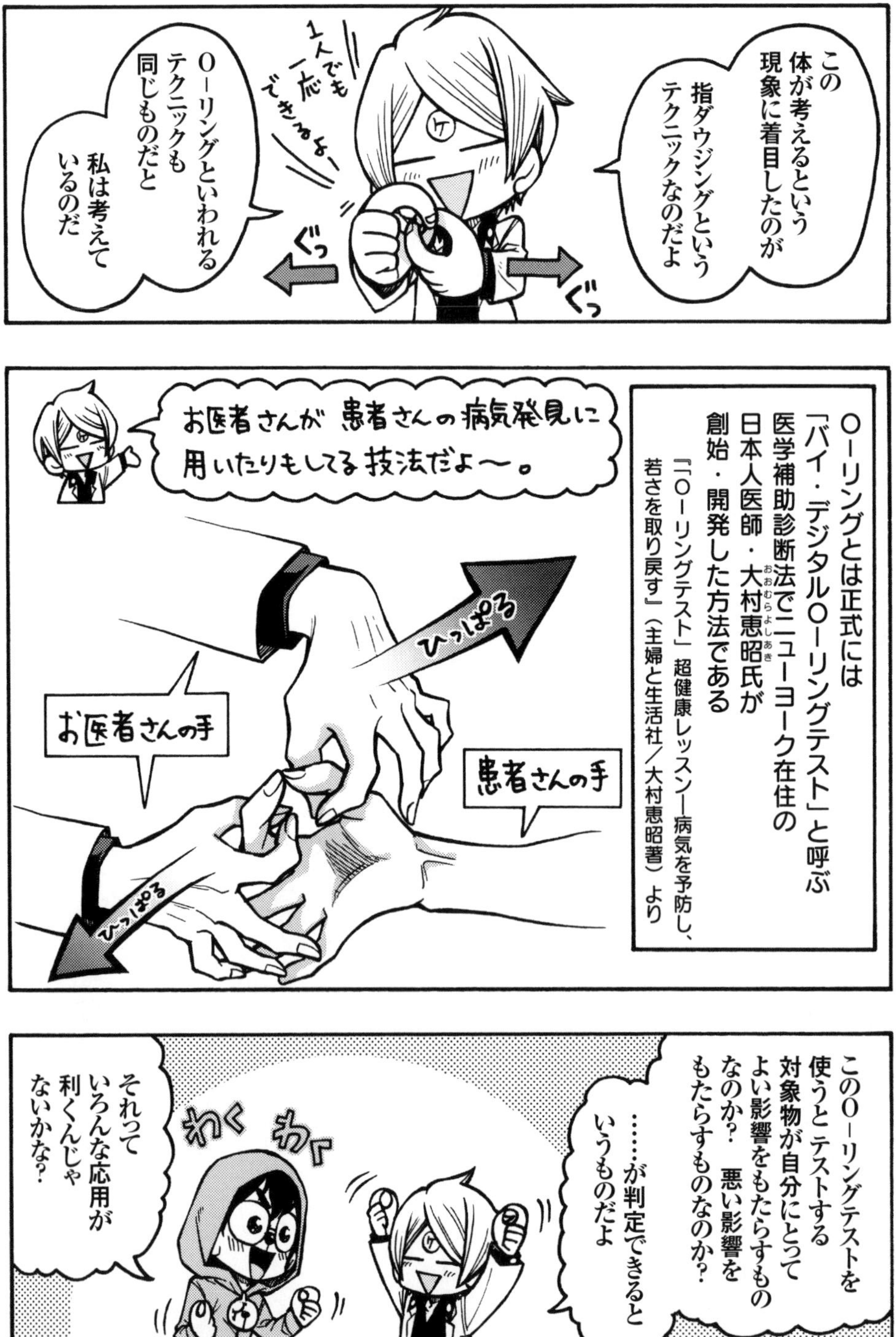
この体が考えるという現象に着目したのが指ダウジングというテクニックなのだよ
1人でも一応できるよ
ぐっ
ぐっ
O－リングといわれるテクニックも同じものだと私は考えているのだ
O－リングとは正式には「バイ・デジタルO－リングテスト」と呼ぶ医学補助診断法でニューヨーク在住の日本人医師・大村恵昭《おおむらよしあき》氏が創始・開発した方法である
『「O－リングテスト」超健康レッスン―病気を予防し、若さを取り戻す』（主婦と生活社／大村恵昭著）より
お医者さんが患者さんの病気発見に用いたりもしてる技法だよ〜。
ひっぱる
患者さんの手
お医者さんの手
ひっぱる
このO－リングテストを使うとテストする対象物が自分にとってよい影響をもたらすものなのか？ 悪い影響をもたらすものなのか？
……が判定できるというものだよ
わくわく
それっていろんな応用が利くんじゃないかな？

そう！
そこで私が考案したのが
ドビシィィッ!!
「皇帝の指」なのです!!

非主流科学・その③「皇帝の指」

その昔 一人の悩める男がやってきて こういったのですよ
ケルマさん 今の私の収入では家を建てることも子どもを大学に行かせることも難しいのです
何か方法はありませんかぁ？
うむ！ならば君に「皇帝の指」を伝授しよう！
こ…… 皇帝の指？ なんすか？ それ……
くわっ
「皇帝の指」とはだね
その昔 中国の皇帝は常に暗殺の危機に直面していたので 暗殺を回避するためのテクニックを持っていたのだよ
みんな怪しく見えてきた…
その一つが指を使ったO－リングなのだ

指を使った
O－リング……
ですか?
うむ
皇帝は
指を使った
O－リングによって
食べ物に毒が
入っていないかどうか
判断したというのだよ
食べても安全な
食べ物に対しては
薬指がピクピク
動いたのだそうだ
ピクッ
だから
美味しそうな
食べ物に対して
「食指が動く」という
表現があるだろ?
なるほど……
しかし皇帝の指と
ウチの経済問題と
どんな関係が?
これを
見たまえ!
ああっ!
こっ
これは!!
これが
私の開発した
「皇帝の指」だっ!!
ドドドドドド
これを使えば
非常に簡単に
皇帝の指と同等の
O－リングができるのだよ!
皇帝の指を使って
爆上げする
株銘柄を
特定し
不労収入を
作り出すのだッ!!!
ビョン
ビョン
すごいや!
さすがケルマさん!
よし! オレ
株戦士になります!!
その意気だ!!

※投資は自己責任でね

……と ここまでが 皇帝の指の 全貌なのだよ
これから 作り方を 伝授するから 読者諸君も ぜひやってみて くれたまえ!!
助手の クラウズ君 加賀屋君 よろしくね!!
は〜い

ケル先生

意外とカンタン♪「皇帝の指」の作り方!!

1
あった!
2
指くらいの太さの棒
ぐる
ぐる
3
まげて
まげて
ぶら下げて
4
ビョ〜ン
ビョ〜ン

①ホームセンターで、
ピアノ線を買ってきます

②棒などにピアノ線を巻き付け、
後でペンチで形を整えます

③先端をフック状にし、
五円玉をぶら下げます

④とにかく、ビョンビョンと、わずかな
振動で五円玉が動くようにします。
これで完成!

ビョン
ビョン
ああ〜っ! 動く! 動くよっ!!
ビョン
ビョン

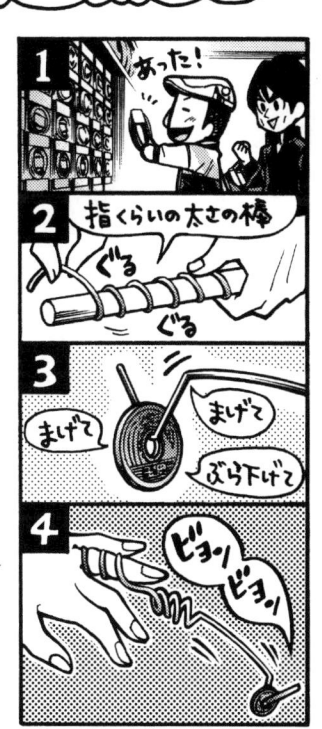

たっちゃん本当ゴメンね…
もういいですよ
いやー科学の世界も意外と楽しかったですね！
わいわい
最初はどうなることかと思ったけどね！
ケルマさん ちょっといいでしょうか？
ピシャ
急に改まって……どうかした？
ケルマさんには先にお伝えしておこうと思いまして……
ここから先はこれまでの旅とは異なり…… ケルマさん達にとってそして私にとっても未知の領域に突入することになります
ケルマさんにはあらかじめご覚悟のほどをと思ってー……
NEXT DESTINATION DANGER ZONE
なーに！きっと大丈夫さ！
そのために我々超常戦士がいるのだよ
どんな時空がやってこようと我々にはそれを乗り越えられる力があると
私は信じているからね！
それを聞いて少し安心しました
うむ！
みんなで新しい世界に行くのだよ
みんなで一緒に……ね

超科学入門「君も、超科学者だ！」

科学の世界ではだね。何かが発見されて真実だと認められても、数年後にはもっと新しい真実が出てくるものなのだ。

どこかの権威者が、「これはあり得る」と言ったら、たいていは正しいことが多いのだがね。「これはあり得ん」と言った場合、たいていは間違っているのだよ。

「**科学は万能ではない。絶えず訂正されていく仮説である**」映画『直撃！　地獄拳』より

この世界には、どうやら目に見えない領域があり、もしかすると縁とは、そこから発生するのかもしれないのだ。

「**今日の科学、因果はわかるが縁が分からぬ。この縁を研究するがわれわれの任なり。しかして、縁は因果と因果の錯雑して生ずるものなれば、諸因果総体の一層上の因果を求むるがわれわれの任なり**」南方熊楠《みなかたくまぐす》

やはり、天才と呼ばれた人々は、超科学を追求していたのだね！

「**高度に発達した科学は、魔法と見分けがつかない**」アーサー・C・クラーク

世界的に有名なSF作家であり、科学者のアーサー・C・クラーク、この発言からも推察できますが、おそらく中二病です。

「フィールド展開！　絶対領域固定！　進化加速！　モノリ〜ス！」

つまりだね。**超科学とは、空想力なのだよ！**

科学者にとって一番重要なのは、好奇心と空想力、そして確かめようとする行動力なのだ。肩書は、いらないのだ。

「肩書きがなくては己れが何なのかもわからんような阿呆共の、仲間になることはない」

南方熊楠

「想像力は、知識より重要だ。知識には限界がある。想像力は世界を包み込む」アルベルト・アインシュタイン

想像力の雄ともいえるのが、「SF」なのです。数十年前のSFは、主にハードのテクノロジーを扱うものが多かったのですがね。今やSFは、精神領域を扱うものにシフトしつつあるのです。つまり、精神科学だね。

超時空のひみつ

Part 5

アトランティスの時代

ゴゴゴゴ
ゴゴゴ
ケルマさん ついに…… 見たことのない場所に来ましたね
ドキ
ドキ
ここは…… どこだ？
一万二千年前のアトランティスです
!!
バッ
おお…… これが有名な
アトランティス!!
うひょー

●参考図書/コリン・ウィルソン著『アトランティスの暗号:10万年前の失われた叡智を求めて』

テレパシー・コミュニケーション能力とは要するに共感能力ですな
人の痛みがわかるということだよ
つまりアトランティス社会は争いがない直感的な文明を持った社会だったと考えることができるね
日本の縄文《じょうもん》時代もそうですよね！
争いの痕跡がない時代だったといわれてますし……
アトランティスと関係あるんですかね？
世界中にある過去の遺骨には頭の左側に（右利きの人に殴られた）損傷が多いのに対し
ゴン
縄文
つるつる
縄文人の頭がい骨には殴られたケースがほぼないんだそうです。
クックックッ……青いターミネーターよ
さすがに鋭いですなっ!!
突発的な問題を抱えて行き詰まった現代こそ
アトランティスの知恵を復活させるときなのだっ!!
ビシーーッ!!
わーっわーっわーっ!!
では早速参ろう！いざアトランティスの世界へっ!!
おお〜っ!!
わい
わい

リタちゃんもおいら達と一緒に行くかい？
いつも列車で留守番ばっかでつまんないだろ？
えっ
いえ 私はここを離れるわけにはいかないんです
でも……ちょっとくらい大丈夫じゃないかな～？
おいらもっとリタちゃんと一緒に思い出作りたいよっ
せっかくここで会えたんだしさ！
何かに遠慮してるんだったらもったいないと思うんだよ！
行こうリタちゃん！
グイッ！
えっ ビー坊さん いや…っ
離してっ!!
パシッ
…あ…
……
ごめん…なさい…

あ……っ
リタちゃん!!
タッ!
リタちゃん
ごめんよっ
おいらそんな
つもりじゃー
ぽん、
ビー坊よ
リタちゃんにも
きっと事情が
あるのだよ
今は我々も
任務に集中
しよう
君は正直な
やつだから
きっと
大丈夫だよ
それとも
ビー坊も
ここに残って
しばらく
休むかい?
ブンブン
よし!
それでは
出発しよう
ニッ
いざ……
ザッ…!!
アトランティスの
世界へ……!!

ラ～♪
ラララ～～
ラブ
ラブ
くるくるくるくる
パチ
パチ
パチ
パチ

こ……
これが……
ラララ～♪
ラブ
ラブ
くる
くる
くる
アトランティス……!!
ケルマさん……あの人は何をしてるんですかね？
……ああ
あの人はね

おそらくだが……
大事な人を亡くした女性が自らの悲しさを歌い
それを聴いた周囲の人々が涙を流しているのだと思うよ
ケルマさんもわかるんですか!?
もしやすでにテレパシー能力を!?
ハッ!!
いやなんとなくね
ってゆーかこの感じ
どっか懐かしいと思ったら……
演歌だよっ
こりゃ演歌の世界じゃないかっ!?
ドドーン!!
え……演歌の世界ですか～!?
そうだ!
演歌の特色は感情の共感にある!
演歌はアトランティスの遺産なのだ!
みなが喜怒哀楽を共感できたのだ!
強い共感能力があるからこそ
争いがなかったのだよ!
ザッパーン!!

ピキーーーン!!
はっ!!
ケっ ケルマさん! 今オレの脳裏に突如タコ焼きの映像がよぎったんですけど!!
何っ? 君もか!?
私も! なんかタコ焼き食べたいな〜って……
おっ おいらも! 今そう思ったんすよ!!
えっ 私もなんだけど
ぼくもですよー!!
ケルマさん 僕も実は同じこと考えてて……
こりゃアトランティスに来た影響でテレパシー共鳴が発生し始めたのかもだね
ぼ…… ぼくもです
う〜む…

ほかほか
……でも なんでタコ焼き なんだろ?
うむ……今は わからんが
宇宙的な何かが タコ焼きに関係して いるのかも しれないなぁ……
そういえば 今気づきました けど……
ケルマさん今回 やたら大荷物 ですね
タコ焼きセット ですか?
うむ! アトランティスに 来たからには やっておきたいことが いろいろあってね
工作室的な場所を 探しているのだが!…
タコ焼きセットでは ないよ
キョロ キョロ
ピキーン!
むむっ!?
ほうほう!
あそこを進んで 右に曲がって 二つ目の角を 左に曲がり…
すぐ見える 建物の地下を 降りると!…
着いた!
バーン!!
工作室!!
っぽいところ!!
いやはや便利なり テレパシー能力
では早速 超常教室・ 図工編を 開始しよう!
グッ!
アイアイ・ サー!!

アトランティス直伝グッズ・その①
サイキック・ワンド
アトランティス直伝!? わ～なんかスゴイな～!!
ランラン
ランラン
さすがは感動体質の青いターミネーターですな
ひゃっひゃっひゃっ
そう!ここではアトランティス直伝の魔法の杖を作るのだよ!
その昔……テレビ番組で〝アトランティスの前世の記憶〟を持つ人々という特集があったのだよ
その番組を見た人々の中に「実は自分も記憶がある」といい出す人が出てきたのだ 彼らの多くは社会的には結構重要な地位にいる人だったのだね
そこで私は彼らに集まってもらいディスカッションをしていただいたのだ その結果彼らには共通の記憶があったのだよ
アトランティスの記憶について.
その一つがこの魔法の杖〝サイキック・ワンド〟なのだ!!

おほぅ〜!!
わーっ！なんかいいなぁ〜っ!!
ブン
ブン
彼らはこのサイキック・ワンドを使ってヒーリングやテレパシー願望実現などを日常的にやっていたというのだよ
まぁ現代人のスマホみたいなもんだね

ケル先生

アトランティス直伝グッズ・その①

サイキック・ワンドの作り方!!

《用意するもの》

●**直径2cm　長さ18cmくらいの木材**
※木材の足には、あらかじめ銅線を固定するための穴を開けておきます。

●**水晶のトップ**　2〜3cm

●**銅線**
直径1mm×1mくらい

●**補修用万能パテ**

●**カラーリボン**
赤、青、緑、ピンク、ホワイト、シルバーなど

●**両面テープ**

木の棒
ココに穴！
18cm
2cm
万能パテ
補修用万能パテ
パテ
好きな水晶
銅線
銅線
カラーリボン
両面テープ
ホームセンターや100円ショップで大体そろえられるよ〜

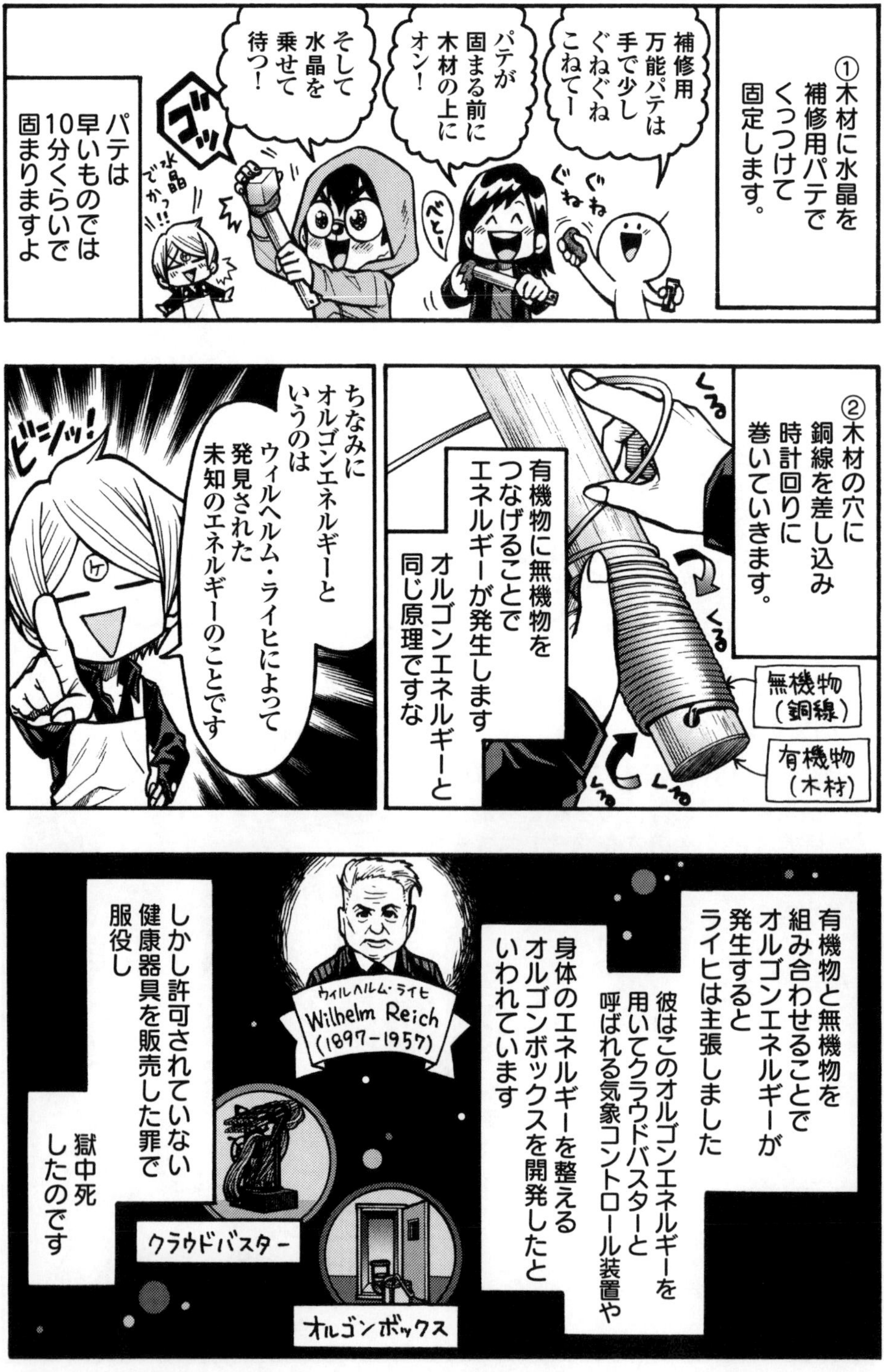
①木材に水晶を補修用パテでくっつけて固定します。
補修用万能パテは手で少しぐねぐねこねてー
ぐねぐね
パテが固まる前に木材の上にオン！
べと～
そして水晶を乗せて待つ！
ゴッ
水晶でかっ!!
パテは早いものでは10分くらいで固まりますよ
②木材の穴に銅線を差し込み時計回りに巻いていきます。
くる
くる
くる
くる
無機物（銅線）
有機物（木材）
有機物に無機物をつなげることでエネルギーが発生します
オルゴンエネルギーと同じ原理ですな
ビシッ!
ちなみにオルゴンエネルギーというのは
ウィルヘルム・ライヒによって発見された未知のエネルギーのことです
有機物と無機物を組み合わせることでオルゴンエネルギーが発生するとライヒは主張しました
彼はこのオルゴンエネルギーを用いてクラウドバスターと呼ばれる気象コントロール装置や
身体のエネルギーを整えるオルゴンボックスを開発したといわれています
ウィルヘルム・ライヒ
Wilhelm Reich
(1897-1957)
しかし許可されていない健康器具を販売した罪で服役し
獄中死したのです
クラウドバスター
オルゴンボックス

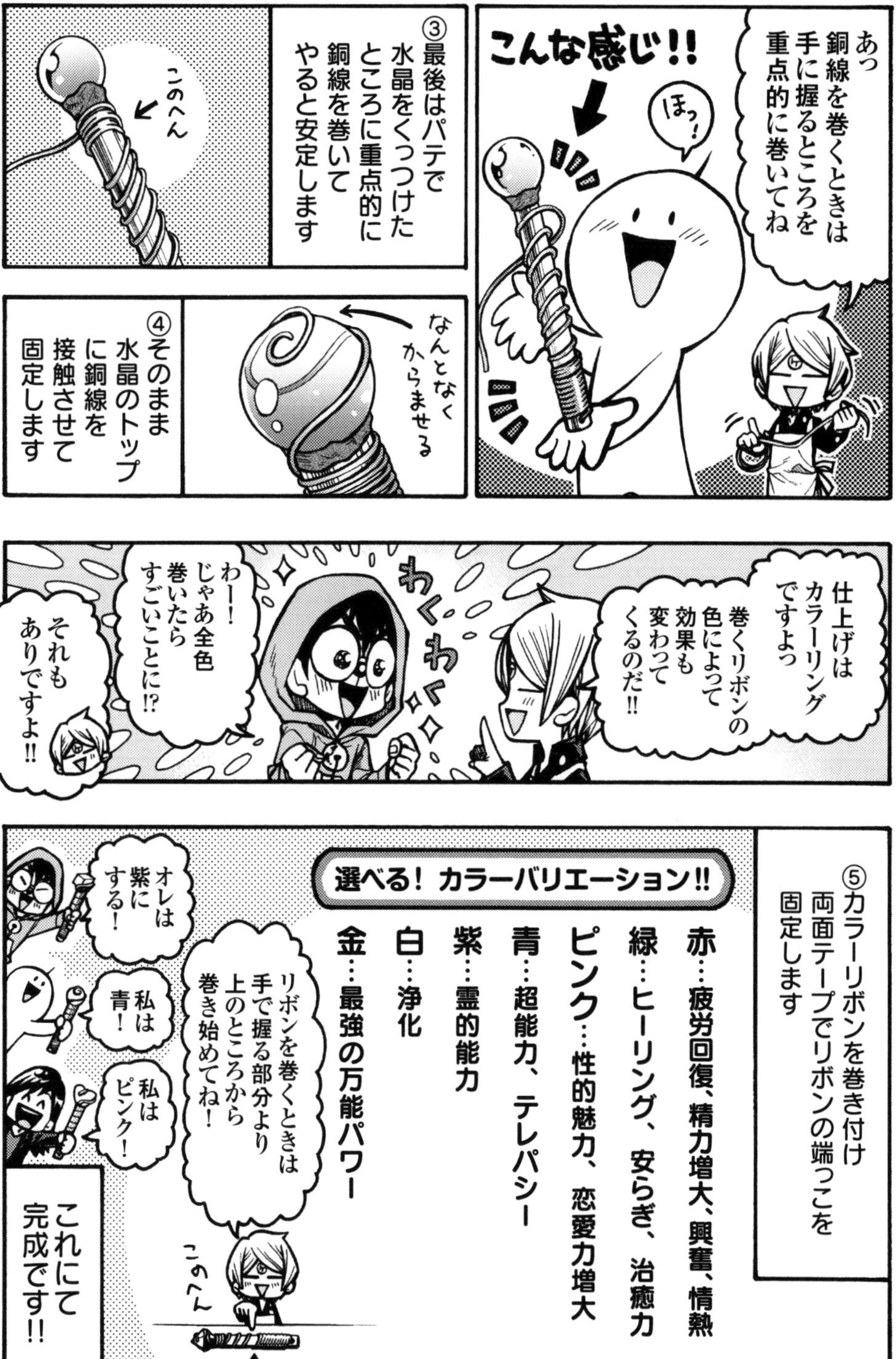
あっ 銅線を巻くときは手に握るところを重点的に巻いてね
こんな感じ!!
ほっ!
③最後はパテで水晶をくっつけたところに重点的に銅線を巻いてやると安定します
このへん
なんとなくからませる
④そのまま水晶のトップに銅線を接触させて固定します
仕上げはカラーリングですよっ
巻くリボンの色によって効果も変わってくるのだ!!
わくわく
わー! じゃあ全色巻いたらすごいことに!?
それもありですよ!!
⑤カラーリボンを巻き付け両面テープでリボンの端っこを固定します
選べる! カラーバリエーション!!
赤…疲労回復、精力増大、興奮、情熱
緑…ヒーリング、安らぎ、治癒力
ピンク…性的魅力、恋愛力増大
青…超能力、テレパシー
紫…霊的能力
白…浄化
金…最強の万能パワー
オレは紫にする!
私は青!
私はピンク!
リボンを巻くときは手で握る部分より上のところから巻き始めてね!
このへん
これにて完成です!!

― サイキック・ワンドの使用法 ―

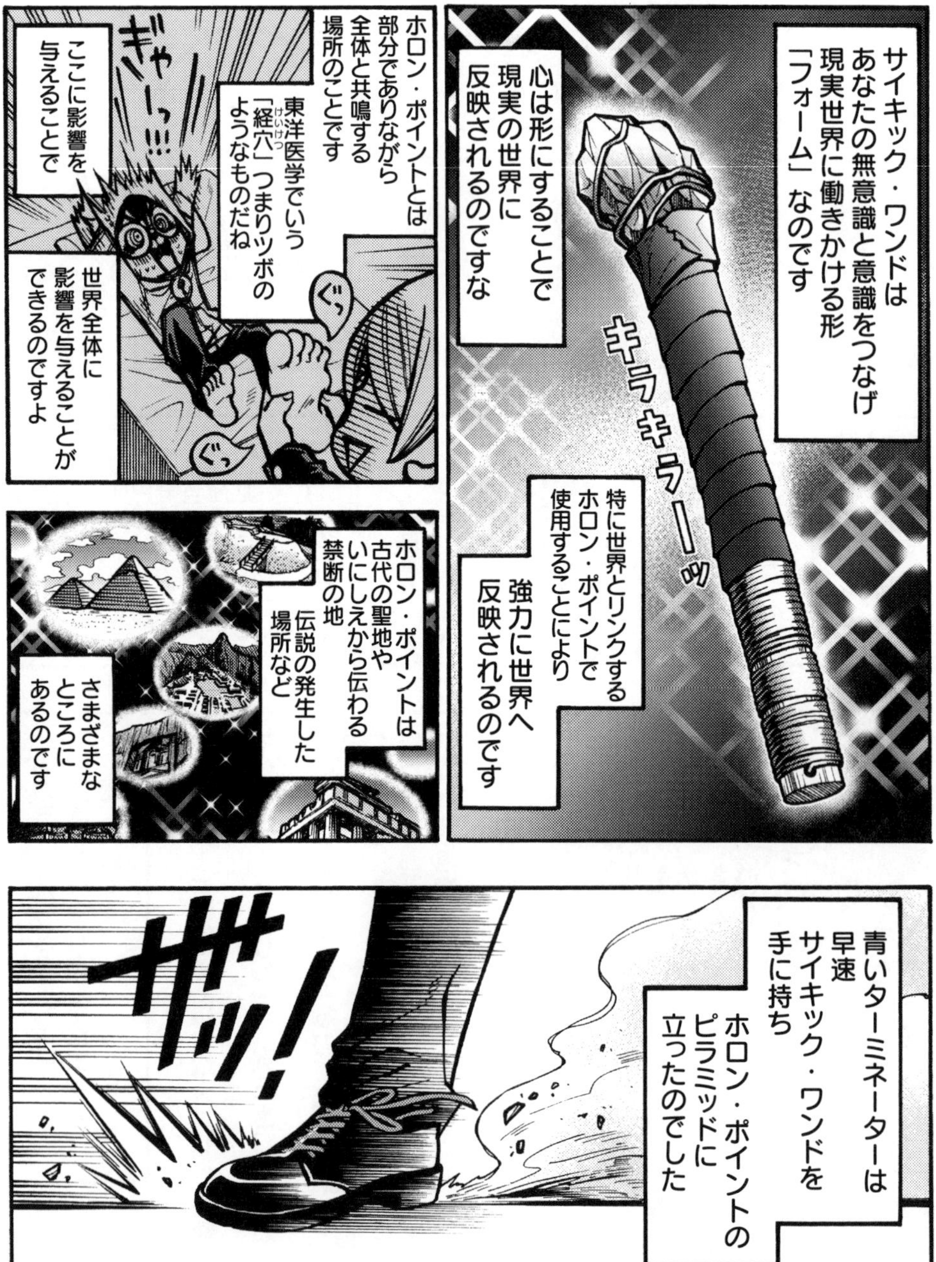

サイキック・ワンドはあなたの無意識と意識をつなげ現実世界に働きかける形「フォーム」なのです
心は形にすることで現実の世界に反映されるのですな
キラキラーーッ
特に世界とリンクするホロン・ポイントで使用することにより
強力に世界へ反映されるのです
ホロン・ポイントとは部分でありながら全体と共鳴する場所のことです
東洋医学でいう「経穴《けいけつ》」つまりツボのようなものだね
ぎゃーっ!!!
ぐっ
ぐっ
ここに影響を与えることで
世界全体に影響を与えることができるのですよ
ホロン・ポイントは古代の聖地やいにしえから伝わる禁断の地
伝説の発生した場所など
さまざまなところにあるのです
青いターミネーターは早速サイキック・ワンドを手に持ち
ホロン・ポイントのピラミッドに立ったのでした
ザッ!

宇宙よ！　オレをモテモテミュージシャンにするのだっ！
オレはモテモテミュージシャンだ!!
ぴッカーン
わ〜っ！
わ〜っ！
わ〜っ!!

（※ワンドを使うときは↑銅線部分を持ってね！）

………
しーん…
青いターミネーターよ
その心意気やよしっ!!
なのだよ
ぐっ
かあああああっ
……!!
ピク
ん？
いや……待てよ
ボンゴ♪
ボンゴ♪
この
音楽は!?
ボンゴ♪
ボンゴ♪

ひ……人がっ
ボンゴ♪ボンゴ♪
ラ〜ラララ〜♪
ボンゴ♪ボンゴ♪
ポロポロリン♫
集まってきたぁあああ〜!?
よぉーしオレもっ!
チャイ〜ン♫
ケルマ楽団までっ!?
チャカポコ♪チャカポコ♪
チャイ〜ン♪
オレっモテモテミュージシャンだからっ!
今モテモテミュージシャンだからぁあっ!!
わいわい
サイキック・ワンドの力……恐るべし!
あっという間に望みを叶えちゃったね
ひゃっひゃっひゃっ!
私もちょっと踊ってこよー
タッ
それにしてもアトランティスの人達ってノリがいいんですね
たっちゃんもだけど(笑)
テレパシー・コミュニケーションだからね
自然に共鳴し合うのだよ

アトランティス直伝グッズ・その②

ピラミッド・ボックス

ってゆーか ピラミッドって ホロン・ポイント だったんですね
実はピラミッドも アトランティス 文明の痕跡と考え られているのだよ
ピラミッドなら ディズニーにも ありますよっ!
ディズニー・シーの『インディジョーンズ・アドベンチャー』って アトラクションの象徴に なってるんです!
あれはマヤ文明をモデルに してますけど……
エジプト文明の ピラミッドも 有名だがね
そう考えると アトランティスは 地球規模の巨大な文明圏 だったのかもしれないよっ
わい わい
ピラミッドの形自体が なんらかのエネルギーを 出していると考える 科学者たちがいるのだよ
例えば カレル・ドルバルという ラジオ技師は
紙製のクフ王の ピラミッド模型を 作ってみたのだよ
彼はこの ピラミッド模型の中に 切れなくなったカミソリを 入れてみたのだね
おそらく全く 直感的に やってみたの だろうがね
結果 カミソリの刃は再生し 再び切れるように なってしまったのだ
彼はこの実験を 繰り返し ついには特許を取って しまったのだよ
これが カレル・ドルバル式 カミソリ刃再生装置だ
シャキーン!!
参考図書: ライアル・ワトソン著『スーパー ネイチャー』

●参考図書／ライアル・ワトソン著『スーパーネイチャー』

ケルマさん 紙製のピラミッドで そんな現象が 起こるんですか?
うむ ピラミッドと 同じ形というのが 何らかの共鳴を 起こしているのかも しれないのだよ
つまり 形態共鳴 だな!
アトランティス文明の 基盤は 共鳴にあるのだ!
実は昔……
私はよく この実験を したのだよ
じゃんっ!!
※若かりし ケルマさん
例えば 生卵を割って 中身を皿に入れ
それをピラミッド ボックスの 中に入れたのだ
パカッ
それぞれに in!
比較対象として 普通の四角い 紙箱にも
生卵の中身を 入れてみたのだね
1ヵ月後に 取り出して みたら……
両方とも カビだらけの エラいことに なっていたのだよ
ひぃぃぃっ!!
しかし病院の 検査技師に調べて もらったところ
四角い箱の中に 入れた卵は完全に 腐っていたのだが
こっち くさってない
マジか!!
ピラミッドボックスの 中に入れた卵は 腐っていなかったのだ!
そっそりゃあ 一体!
……でも 食べるのは 無理ですぜ
これが ピラミッド・パワーと 呼ばれるものだよ

日本では昭和40年代に女性雑誌で紹介され大ブームになったのさ
やがてピラミッド・パワーで健康になるとか
ピラミッド・パワーでタバコの害がなくなるとか
水が美味しくなる
お酒が美味しくなる
超能力が身につくなどなど
酒
しゅるるるる〜
さまざまなウワサが飛び交ったのだよ!
ケルマさん……いくらなんでもピラミッド・パワーって人間に都合がよすぎませんか?
ビシーッ!!
そこだ! ビー坊よ!
あまりにも人間に都合がよすぎるのだよ!
つまり……もしかするとピラミッド・パワーは人間の無意識と共鳴し
現実の世界に反映させるフォーム＝「形」なのかもしれないのだっ!!
そこで私はピラミッド・ボックスの中にアファメーション(※)を入れてみたのだね
サッ!
アファメーションですかい?
重要なのは例えば「健康になりたい」といった願文ではなく「健康になります!」と強くいい切ることなのだよ
かきかき
わたしはけんこうになります
大事なのは嘘ではなく自分自身の意志を明確に宣言すること
※なりたい自分になるための肯定的な宣言

それってケルマさんが『ですノート』テクニックって名付けたやつだよね!
そーそー!
そしてだね
「計画通り」ってね…
ですノート
紙製のピラミッドボックスを100セット作り多くの人に実験してもらったのだ
願文を何個か書いてピラミッドボックスに入れてもらったのだよ
私は健康になる。
臨時収入100万円手に入れる。
in!
×100人
それで結果はどうなったんです?
うむ! なんと実験に参加した人たちの多くが紙に書いた願文を現実にしたのだ!
何個か書いた願文の3割くらいが現実になったのだよ!
じゃーん!!
おおっ! おいらもやりたいですぜ!!
クックックッ ビー坊よ 私はこのピラミッドボックスをさらにパワーアップさせるために……
ヒエロニムス・マシンを組み込んだのだよ!!
ヒエロニムス・マシン??
?
知ってます?
わかんないよね…

アトランティス直伝グッズ・その③

ヒエロニムス・マシン

驚異の異次元科学「ヒエロニムス・マシン」というものを
みなさんはご存じか？
超常業界では有名なマシンですよ
名称通りヒエロニムスさんという方が作ったのです
Thomas Galen《トーマス・ガレン》 Hieronymus《ヒエロニムス》 (1895-1988)
「鉱物波動検出装置」として特許も取得されてますがね
まぁつまりは波動共鳴装置ですな
このマシンにまつわるエピソードはたくさんありますが
中でも有名なのは害虫駆除のエピソードです
超次元マシン
この話はすでに都市伝説として伝わっている感がありますがね
ある農場主が害虫の大発生に悩んでいたのですよ
そこでこの農場主は害虫駆除の会社に依頼したのですがね
その会社は害虫を一匹サンプルとして送ってほしいといってきたのです

●参考図書／月刊ムー別冊『世界超科学百科 異端の天才科学者たちと謎のエネルギー装置』

実はこのとき害虫駆除の会社が使ったマシンがヒエロニムス・マシンだったのですな

農場主が害虫を会社に送ってまもなく

農場内の害虫はすべて絶滅してしまったのです

農場一面に死滅した害虫のじゅうたんができていたというのですよ

WOW!?

原理としては簡単でね

ジョン・キャンベルという雑誌の編集者がある日

この装置を使っていたのですがね

彼はこのマシンが電源をつないでいなくても動くことに気づいたのです

サンプルの害虫をヒエロニムス・マシンに置き殺虫剤と共鳴させたのですよ

まあ結果として同じ種の害虫すべてに共鳴が起き

死滅してしまったというわけですな

まぁこれだけでもとんでもないオカルトマシンですがね

さらにこのマシンにはすごいところがあるのですよ

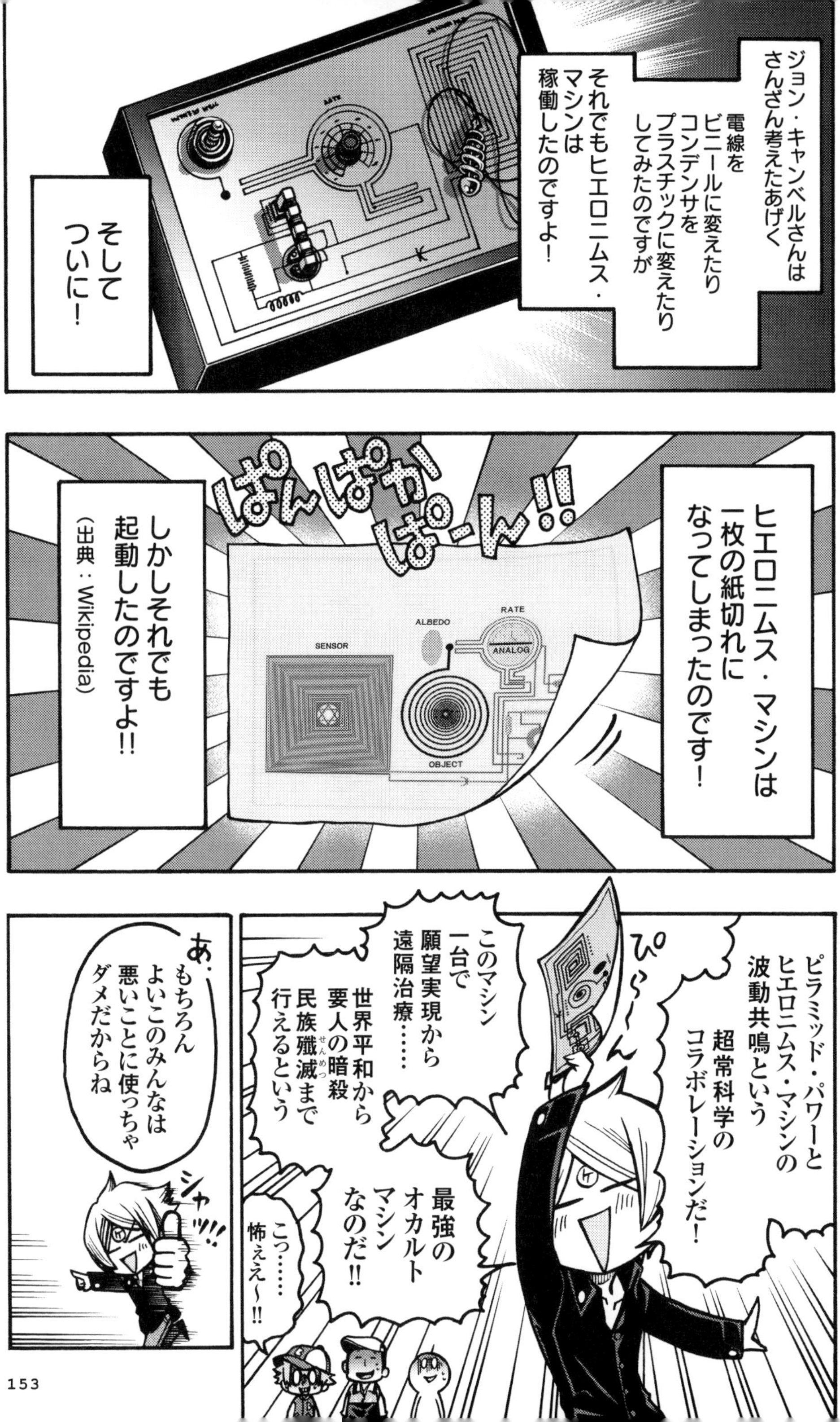
ジョン・キャンベルさんはさんざん考えたあげく
電線をビニールに変えたりコンデンサをプラスチックに変えたりしてみたのですが
それでもヒエロニムス・マシンは稼働したのですよ！
そしてついに！
ヒエロニムス・マシンは一枚の紙切れになってしまったのです！
ぱんぱかぱーん!!
RATE
ALBEDO
ANALOG
SENSOR
OBJECT
しかしそれでも起動したのですよ!!
(出典：Wikipedia)
ピラミッド・パワーとヒエロニムス・マシンの波動共鳴という超常科学のコラボレーションだ！
ぴら～ん
このマシン一台で願望実現から遠隔治療……世界平和から要人の暗殺民族殲滅《せんめつ》まで行えるという
最強のオカルトマシンなのだ!!
こっ……怖ええ～!!
あ・もちろんよいこのみんなは悪いことに使っちゃダメだからね
シャッ!!!

我は求め訴えたり

ある女性の体験です。
彼女は、早くに父母を亡くされていてね。彼女自身の母子手帳もないので、自分自身の正確な生まれた時間がわからなかったというのです。
だから、占星術のホロスコープを作成する時など、正確な出生時間がわからなくて、とても、もどかしい思いをされていたというのだね。

そんなある日。
彼女は、たまたま私の本を読んだのでした。そして、こう思ったそうです。
……よし、宇宙にリクエストしてみよう……
彼女は深夜、宇宙に向かって咆哮したのでした！
「宇宙よ！　私の生まれた正しい時間を教えてください！」
……答えられるもんなら、答えてみいや！　こらあ！
みたいな、ノリだったそうだがね。

さて、数日後。
彼女のお父さんの友人が、一通の手紙を持って現れたのです。
「これはね。君が生まれた時に、君のお父さんが私に送ってきた手紙だよ」
その手紙には、こう書いてあったのですな。
「……年○月○日、○時○分、娘が生まれました……」
彼女は思わず、宇宙とお父さんに、感謝の言葉を叫んだのでした。
「ありがとう！　宇宙！　ありがとう！　お父さん！」

このような体験をした人は、けっこうおられるのです。このケースで重要なのは、彼女が「ありがとう！　お父さん！」と語ってくれたことかもしれません。
やはりね、「宇宙よ！」と叫んだとしても、なんかこう「ぼやぁ〜」としたイメージになってしまう人が多いかもだね。しかし、具体的なイメージや対象があるならば、強く反応するのですよ。お父さんじゃなくても、心を寄せれる存在であれば良いのです。志《こころざ》しが同じならば、リヴァイ兵長でも良いです。
宇宙は、あなたの望む形で現れるのかもだよ。

アトランティス式・青空教室「ケルマデック言語学」

ちょいと着替えたよ

そよそよ〜
いやぁ〜風が心地よいですね
こりゃとんでもないなぁ
アトランティスって自然も豊かだったんですねー
うむ
だからたまには外で講義するのもいいかと思ってね
ちょうどいい広場に移動してきたのさ
名付けて「超常青空教室」!
学ぶのは「ケルマデック言語学」だよっ!!
そして制服着用義務だっ!!
カッ!
ケルマデック言語学!?

～文字の成り立ち　その①「文字の分解」～

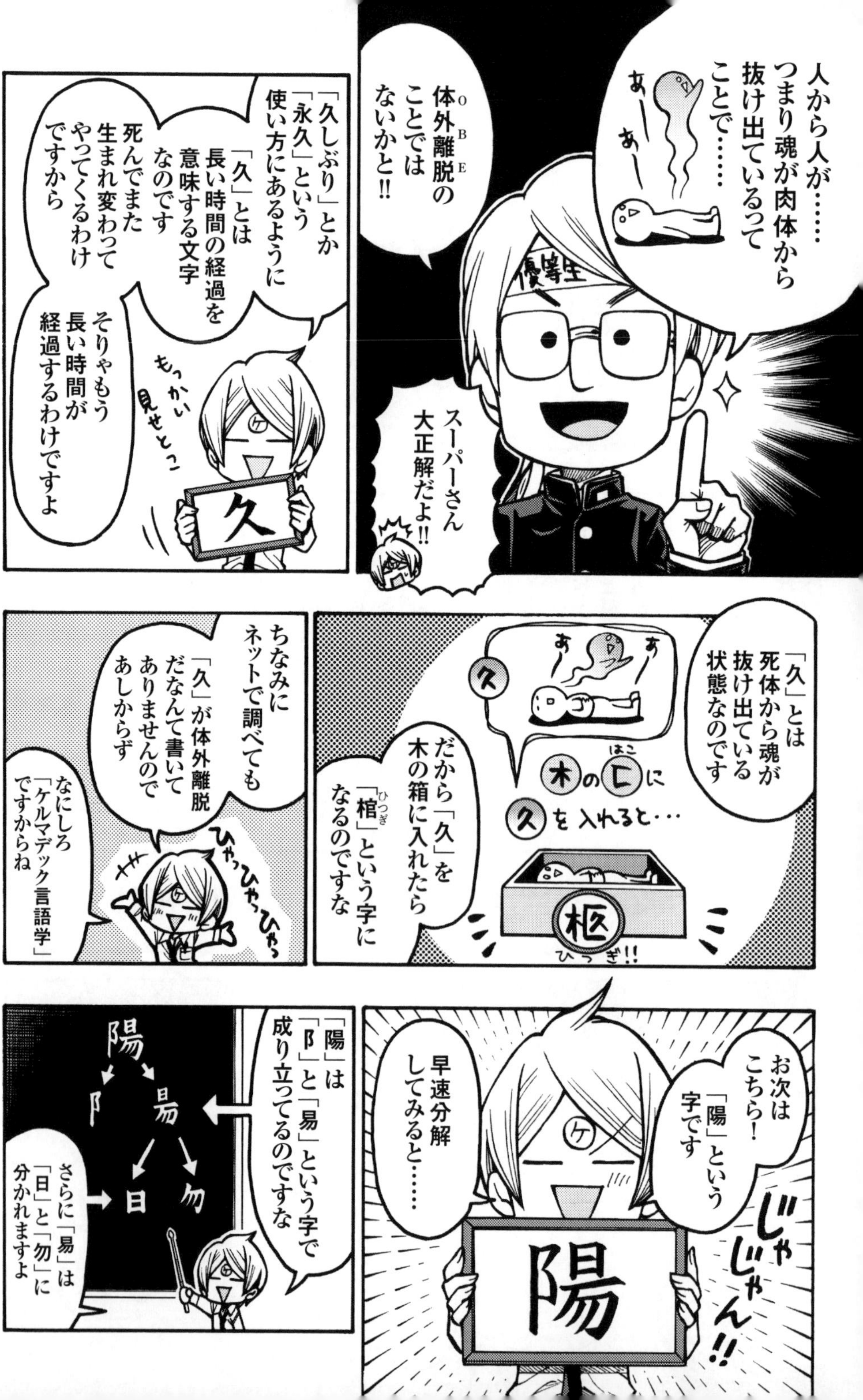
人から人が……つまり魂が肉体から抜け出ているってことで……
あー あー
優等生
体外離脱《OBE》のことではないかと!!
スーパーさん大正解だよ!!
「久しぶり」とか「永久」という使い方にあるように「久」とは長い時間の経過を意味する文字なのです
死んでまた生まれ変わってやってくるわけですから
もっかい見せとこ
久
そりゃもう長い時間が経過するわけですよ
「久」とは死体から魂が抜け出ている状態なのです
あー あー
久
木の匚《はこ》に
久を入れると…
だから「久」を木の箱に入れたら「棺《ひつぎ》」という字になるのですな
柩
ひつぎ!!
ちなみにネットで調べても「久」が体外離脱だなんて書いてありませんのであしからず
ひゃっひゃっひゃっひゃっ
なにしろ「ケルマデック言語学」ですからね
お次はこちら!「陽」という字です
早速分解してみると……
じゃじゃん!!
陽
「陽」は「阝」と「昜」という字で成り立ってるのですな
陽
阝
昜
日
勿
さらに「昜」は「日」と「勿」に分かれますよ

さてクラウズさん
この「陽」にはどんな意味があると思う?
えっ! えーと 「阝」はわかんないですけど……
「易」は易経とか関係あるんですかね?
ガタッ
うむ! なかなかするどいぞ!!
まず「阝」は「こざとへん」といい
「積み重ねられた段々のある高い丘」とか「神の登るハシゴ」という意味があるのですよ
阝
こざとへん
てくてく
これはイメージで捉えたらわかりやすいですかね
「ピラミッド」状の建造物なのですよ
てくてく
ピラミッド!!
そして「易」はこの宇宙の原理や原則を明らかにする科学なのです
易
八卦×八卦
ちなみに易経の六十四卦は
遺伝子コードとぴったり一致するのですよ!
「日」は文字通り太陽ですな
日
目に見える意味です
そして「勿」とは「物」に通じるわけですがね
勿
もや
もや
「勿体ない」という言葉があるように
「物質になる力があるがまだ物質になっていない状態」なのです
「易」とは物質でない状態が宇宙の原理に従って物質となり
宇宙の法則によってさまざまな事象を生み出し
明らかになるさまを表しているのです
八卦の意味の一部だけでもこんなにあるよ
乾《けん》
・北西
・父、老人、権威者
・頭、骨 呼吸器
・丸い、金属
・宝石
・1
・金性
・首都、高所 寺 etc…
坤
・西南
土 etc…

はるか古代において……
ピラミッド状の建造物に
太陽を神とし……
宇宙の原理や法則を解き明かした文明があったのですよ
阝
日
勿
昜
陽
「アトランティス」と呼ばれた文明ですな
ならば!
アトランティス!!
カッ!!
「陽子」さんは「アトランティス子さん」!
「陽介くん」は「アトランティス介くん」と呼ぶのが正しいのではなかろーかっ!
いやそれただ長くなってますからっ!!
ちなみに「陽」がアトランティスなどとは辞典にもネットにも出てませんからね
ぺこり
あくまで「ケルマデック言語学」ですから

～文字の成り立ち　その②「アナグラム」～

アナグラムについては超科学の時間でも触れたけどね
ここではアトランティスにまつわるアナグラムを紹介するよ!
帰ってきた
幼児はよく文字を鏡文字にして書き間違えたり
書く順番を間違えたりするね
エチケットをエケチットといったり
なかまをなまかといったりするアレですかい?
そーそー

〜 文字の成り立ち　その③「イメージ」 〜

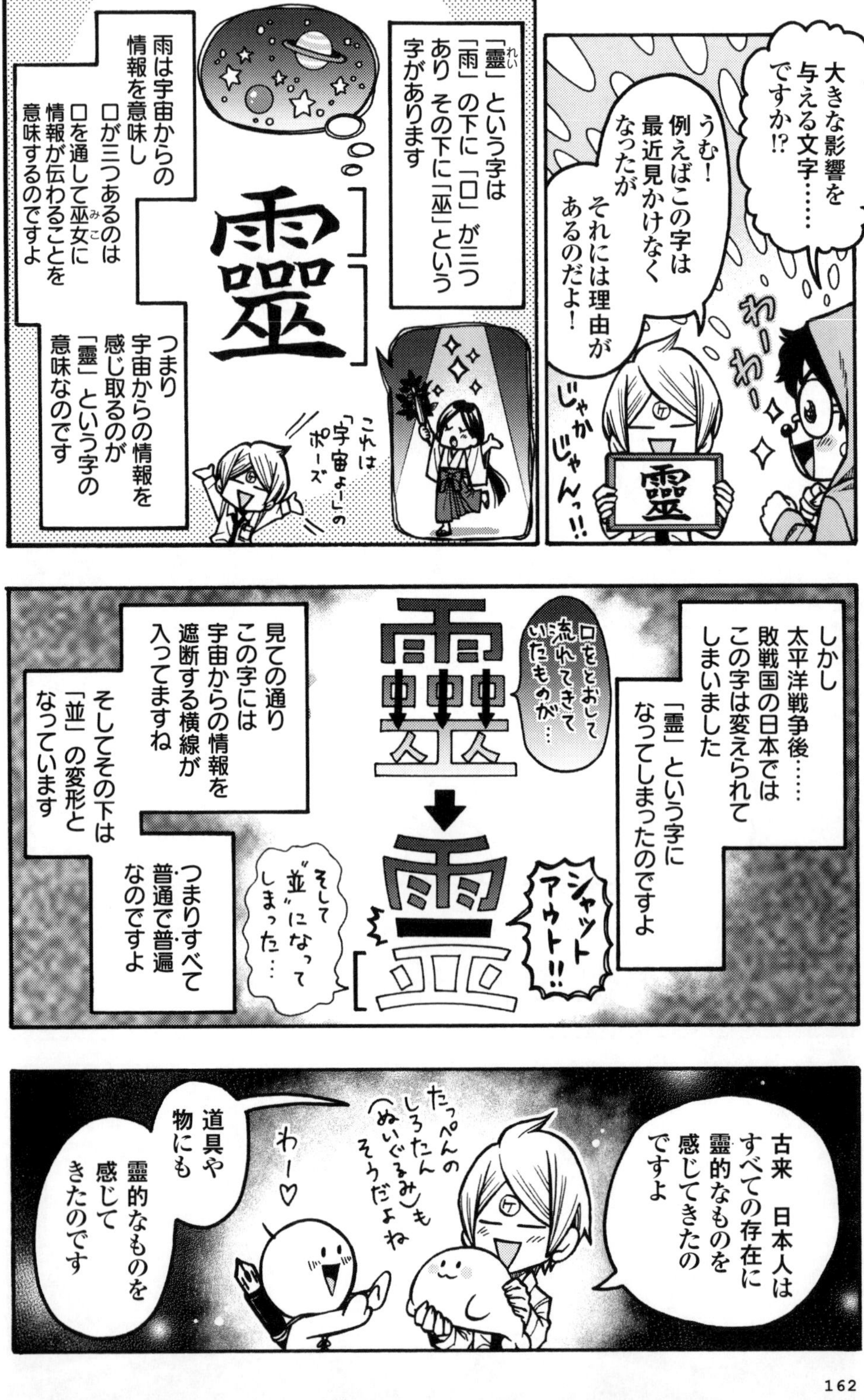
大きな影響を与える文字……ですか!?
うむ! 例えばこの字は最近見かけなくなったが それには理由があるのだよ!
わーわー
じゃかじゃんっ!!
靈
「靈《れい》」という字は「雨」の下に「口」が三つあり その下に「巫」という字があります
靈
これは「宇宙よー」のポーズ
雨は宇宙からの情報を意味し 口が三つあるのは口を通して巫女《みこ》に情報が伝わることを意味するのですよ
つまり 宇宙からの情報を感じ取るのが「靈」という字の意味なのです
しかし 太平洋戦争後…… 敗戦国の日本ではこの字は変えられてしまいました 「霊」という字になってしまったのですよ
口をとおして流れてきていたものが…
シャットアウト!!
そして“並”になってしまった…
見ての通り この字には宇宙からの情報を遮断する横線が入ってますね
そしてその下は「並」の変形となっています
つまりすべて普通で普遍なのですよ
古来 日本人はすべての存在に靈的なものを感じてきたのですよ
たっぺんのしろたん(ぬいぐるみ)もそうだよね
わー♡
道具や物にも 靈的なものを感じてきたのです

しかし この感受性は今 封印され
靈的なものと 現実世界は 分断されてしまって いるのですよ
靈は 普段の生活には あり得ない
怖いものと 教えられて いますからね
ぎゅう〜っと。
ならばこの靈的な 感受性を復活 させてみようでは ないか!
ひぇえっ!!
ぐっ…!
霊が復活!?

今回は書道!!
ケル先生

さて ここで
ワーク(宿題)の時間ですよ!!

●「靈」という字を墨で書いて、額に入れて
さりげなく飾ります。

※注意点

・お母さんに、変な宗教に入ったと
　勘違いされるかもしれません。

・ちょいとポップなアート風に変形させ、
　おしゃれなインテリア風にしても
　よいでしょう。
　anan の表紙にモデルさんと一緒に写っても
　違和感がない逸品の爆誕です!

<例>

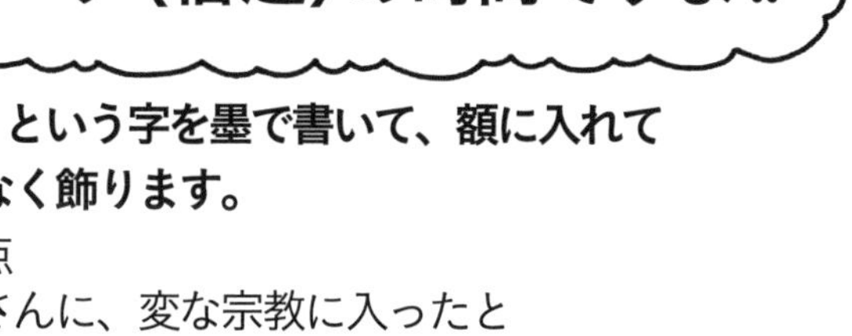

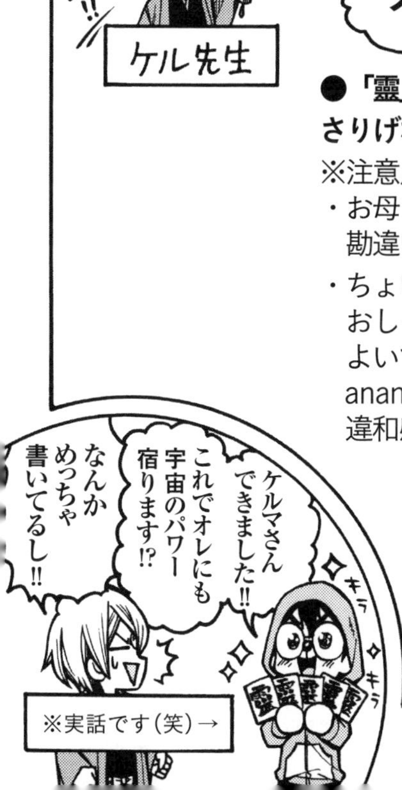
ケルマさん できました!!
キラ
キラ
これでオレにも 宇宙のパワー 宿ります!?
なんか めっちゃ 書いてるし!!
※実話です(笑)→

でも……
こんなに幸せで発展的な世界なのに……
どうしてアトランティス文明は滅びちゃったんですかね？
うむたっぺんよ
それについてはさまざまな憶測がなされているのだがおそらくー
ゴゴゴゴゴゴゴゴ
ん？
な……
なんだあれは⁉
船だ！
ゴゴゴゴゴゴ
見たこともない船が
空を飛んでいるぞっ⁉
ゴゴゴ
(↖"Atlantis Amvimana"
Designed by kermadec)

っていうか……
空飛ぶ船同士が
戦い始めましたぜ！
ドカーン!!
戦争だよ
これ!!
いかん！
みんな
列車に
戻るのだ!!
急げ～っ!!!
ドオオオオオオン!!
ガシャン!!

タタン
タタン…
タタン
タタン…
ああ……
街がー
街が消えていく……

アトランティスって平和な世界じゃなかったんですかい……？
おそらくこの時代はアトランティスの終末期だ
終末期？
アトランティス文明は共感能力豊かな直感的な文明だったのだよ
しかし個人の自我というものはあまりなかったのだ
ラ～♪ ララララ～～
ラブ ラブ
くるくるくる くる
ところが個を司る左脳領域がある日
急激に進化し始めたのだよ
とたんに自我という意識が目覚めた人間が
あちこちに現れ始めたのだ
するとどうなるんですかい？
自我とは「すべてと切り離された存在」なのだよ
現代人のほとんどがそうだな
大勢の中にいても孤独を感じるわけだよ
この孤独感を哲学者のサルトルは「実存主義」と呼んだのだ

でもなぜそれで戦争が起こるんですか？
しゅる
目覚めたばかりの幼い自我は「相手と自分は違う人間である」と感じる孤独感を消すために
相手を力ずくでコントロールしようとし始めるのだよ
つまり権力争いが起き始めるのだ
フッ
ズ…
ズズ…
スゥ…

文明が
消えた……
アトランティス
文明は……
終わったのだ
同時に
この時代の
地球もー
かな…
いやでも
ケルマさん
あそこ……
1ヵ所だけ
残ってる場所が
ありますよ！
何！
！
なんと！
ありゃ
日本列島
だよ……!!
ガタ――ン!!
今度は
何だ!?
ダッ！

リ……
リタちゃん!!?

超古代のテクノロジー

最近は、コンプライアンスや規制などがあり、テレビでは超常的なコンテンツがすごく制限されているのです。そのせいなのか、超常的なコンテンツは、ＹｏｕＴｕｂｅチャンネルなどに集まるようになったのだね。

もちろん、超常コンテンツは、何がほんとかわからない怪しさに満ちた世界である。

しかし、そこに展開されるのは、アトランティスだけではなく、今まで知られていなかった古代の超文明の数々なのだよ。

昔、ある大学の教授が、私に語ってくれたのですがね。彼は、琵琶湖近くの数万年以上昔の地層から、あるモノを発掘したのでした。

そのモノは、完全な人工物で、集積回路みたいなモノだったというのです。

「とんでもない文明があったんだよ」

たしかに古代文明はあったのだろう。しかしどうやら、当時のテクノロジーというのは、現代の我々が使っている電気などとは、別のエネルギーを使っていたようなのだね。科学の根本原理から違っているようなのだ。

さまざまな超古代文明に共通しているのは、「音」や「精神エネルギー」や「自然エネルギー」を活用していたという伝承なのだね。

私はよく、音楽を使ってワークをするのです。とくに、豊かな倍音や高周波を発する楽器は、不思議な現象を起こすのだよ。

ある日私は、公民館でクリスタルボールの演奏会をしたのでした。

その会場には、なぜか、萎れて枯れかけた花が、花瓶に飾ってあったのです。

クリスタルボールの演奏をしながら、声を発声していると、やがて室内に花の香りが充満してきたのでした。むせ返るほどの花の香りに、会場の人々も気づいたのですよ。

みると、萎れて枯れかけた花は、すっかり若返り、美しく鮮やかな姿を見せてくれていたのでした。

超時空のひみつ

Part 6

世界を変える
ゆらぎのちから

ガラッ!
ケルマさん!!
リタちゃんの容体は……!?
今は医務室の車両で眠っているよ
命に別状はないみたいだ
しばらくはビー坊が付き添ってくれるよ
アトランティス文明の消滅がよほどショックだったんだろうね
でももう大丈夫だ
よかった……
ほっ…

アトランティスが滅んだ後……人類は一万年以上の時間をかけて個人という意識を進化させていくのだよ
そして個人という意識はやがて再び統合されるときが来るのだ……!!
統合……
ですか?
おそらく……〝現代〟は統合に向かおうとしているのだ!
つまり地球人となるときが来ているのだよ!
ケルマさん「アトランティスは人類の脳が進化して滅んだ」っていってましたよね?
うむ……たとえるならメンタル・リープだよ
メンタル・リープ
とは??

人間の赤ちゃんは生後20ヵ月の間に段階的に知能が急成長するのだ
そのために知能や知覚の発達に心がついていけなくてひどくむずがったり泣き叫んだりする時期があるんだよ
あぁぁ ああん
この赤ちゃんがぐずる時期をメンタル・リープというのさ
なるほど〜
人類の進化も同じでね
進化するときは激しい混乱が生じるのだ
人類はひたすら脳を進化させてきたのだよ
代わりに牙を進化させたりたてがみを増やしたりする必要がなくなったのだ
しかしまだまだ人類は進化の途上にいるのだよ
完成などしていないのだ
ところでラブロックという科学者は知ってる?
ガイア仮説を提唱したことで有名な人だよ
こんな人。
James《ジェームズ》 Lovelock《ラブロック》 (1919-2022)
フルフル

ガイア仮説とは
地球が巨大な生命圏であるというものだね
そして人類は地球という生命圏の巨大な脳を担っているのだよ
西洋と東洋の脳は機能に違いがあるというのがわかっているのだ
たとえば、社会心理学者のニスベットは著書の中で「木を見る西洋人 森を見る東洋人」と表現している
西洋は論理的・部分的で左脳的、東洋は直感的・全体的で右脳的なのだ
西洋は論理的・部分的で左脳的
直觉的
总体
右脳
右脳
左脳
Logical
Rational
LEFT BRAIN
東洋は直感的・全体的で右脳的なのだ
そして日本人は両方の特性を持っているのだよ
右脳
脳梁《のうりょう》
左脳
つまり左脳と右脳をつなぐ脳梁《のうりょう》的な存在なのだ

●参考図書／ピーター・ラッセル著『グローバル・ブレイン―情報ネットワーク社会と人間の課題』

地球は巨大な生命体として目覚めようとしているのだ！
バーン!!
AIは自我を獲得し！自律神経的な存在として！
人類と共存していくのだよ!!
AIが自律神経…ですか？
そう！すべてに役割があるのだ
AIは都市機能のオートメーションを管理し地球の自律神経的な存在として人類と共存する
ゴ〜リゴ〜リゴ〜リゴ〜リ♪
そして人類は贅沢な時間を味わうようになるのだよ
そして人類は地球人へと進化していくのだ！
今まで日本人やアメリカ人や中国人などさまざまな人種がいたが
地球人はいなかったのだよ
お互いに殺し合いをしてたからね
しかしこれからはいよいよ
地球人が誕生するのだよ!!

でも
ケルマさん
それじゃあ
どうしてー
僕らが初めに見た
あの地球は……
どうして人類が
滅んだ地球に
なっちゃったんですか⁉
……
アトランティスの
ときと同じだよ
そ…
急激な進化に
ついていけなかったのだ
おそらく
地球人という
認識を持つことが
できなかったのだ
……

ピキーーン!!
はっ……!!!
パチッ!!

と……
とんでもない……っ
とんでもないですよぉおおおおおっ!!!
そんなっ
まだディズニーのこと……
知り尽くしてないのにぃいいいいっ!!!
そうか養蜂場のハチがみんな死んでしまったのは
このためだったのか……

たっぺん!
バッ!!
たっちゃん!!
ガシッ!!
私たち幸せな人生だったね!!
ぎゅっ!!
うん!!
みんなっみんなぁっ
ありがとううううー!!!
じっ……
じじっじじじじじじっ!!
ズッ!!
人生最後の日にっ
ガッツポーズ〜〜〜っ!!!

こ……っ
これが世界の
終わりだとっ!?
グッ…
認めん!!
私は認めんぞぉおおおぉおっ!!!!!

はっ……!?
地球人に
こ……
これは……!?

なるのです……
えー……？

思い出した
ハァッ
ハァッ
あの
忌まわしい
瞬間……
うむ……
ようやく
理解したよ
うわぁぁ
あぁん
ぼーぜん
世界は
やはり
一度
滅びたのだな……

ガラッ
ビー坊……
みんな
リタが
目を覚ましたよ
みんなに
聞いてほしいことが
あるって
そうか
では我々も
医務室へ向かうと
しよう……
リタ……?
呼び捨てに
なってる?

医務室
みなさん ご心配をおかけして すみませんでした
わざわざ 集まっていただき ありがとう ございます
リタちゃんの顔色が よくなっていて 安心したよ
よほど疲れが たまっていたの だろうね
いえ… そのこと なのですが……
ビー坊さんから 聞きました
みなさんが
あの瞬間を 共有されたの だとー……

うむ……確かに思い出したよ
世界は本当に一度滅びたのだな
ええ……
そして私が倒れたことは……
地球の滅亡と無関係ではないのです
どういうことだ?
私はECCOによって生み出された
地球最後の有機生命体なのです

地球最後の有機生命体!!
ザワッ
だからアトランティスが滅んだとき君は倒れたのか!
未来の地球がアトランティスとリンクしているから……!?
その通りです
ですからこの超時空の中であれ……
地球の未来が危機に瀕《ひん》するたびに
私の命もまた危機に瀕していたのです
そして皆さんの認識が変わるたび……
それが意識下であれ無意識下であれ
私は……そしてこの地球自体が
何度も命を救われていたのです……

だから
アトランティスの世界へ
降り立つときも
我々に同行
できなかったのだね
ドキッ
ええ……
私に何かあれば
地球の未来も
絶たれてしまい
ますから
皆さんに
余計な心配を
かけるわけにも
いかず……
誘ってもらえた
こと自体は
すごく嬉しかったの
ですが……
ほっ……
それで……
今はリタさん
大丈夫なんですか？
僕たち
地球が滅びた現実を
認識したところ
ですけど……
はい
実はそれこそが
重要だったのです
……!!
そうか……
だからこそ！
我々は未来を
変えられるという
ことなんだね？
ええ!!
虚数世界で
破滅を体験
したからこそ
我々は未来を
変えられるのだ!!
破滅や絶望は
ゆらぎだ!!
ゆらぎは
世界を変える
ちからなの
だよ!!
グッ!!

ゆらぎ……ですか？
うむ
プリゴジヌという
科学者はね
「この宇宙はゆらぎによって
組織化する」ということを
発見したのだよ
これにより彼はノーベル
賞を獲得したのですがね
彼の発見を拡大して
考えるならば「ダメージを
受けることにより進化した
状態が発生してくる」
ということなのです
イリヤ・プリゴジヌ
Ilya Prigogine
(1917-2003)
戦後の日本が
復活して
経済大国に
なったよーな
イメージですな
大きなダメージ…
ゆらぎが発生！
復活!!
これが
この宇宙の理《ことわり》の
一つなのですよ

●参考図書／エリッヒ・ヤンツ著『自己組織化する宇宙』

大きなダメージを受け
もうダメだと
絶望したとき
集合無意識の
奥のほうから
すべてを乗り越え
させる力が発動
してくるのですよ
そして
今まで以上のものを
創り出すように
この宇宙のすべてが
バックアップして
くれるのですな
ケルマさん
人類は
地球人になれるの
でしょうか？
地球人という
認識を持てば
なれるはずだよ
日本人でも
アメリカ人でも
中国人でもない
地球人
だよ

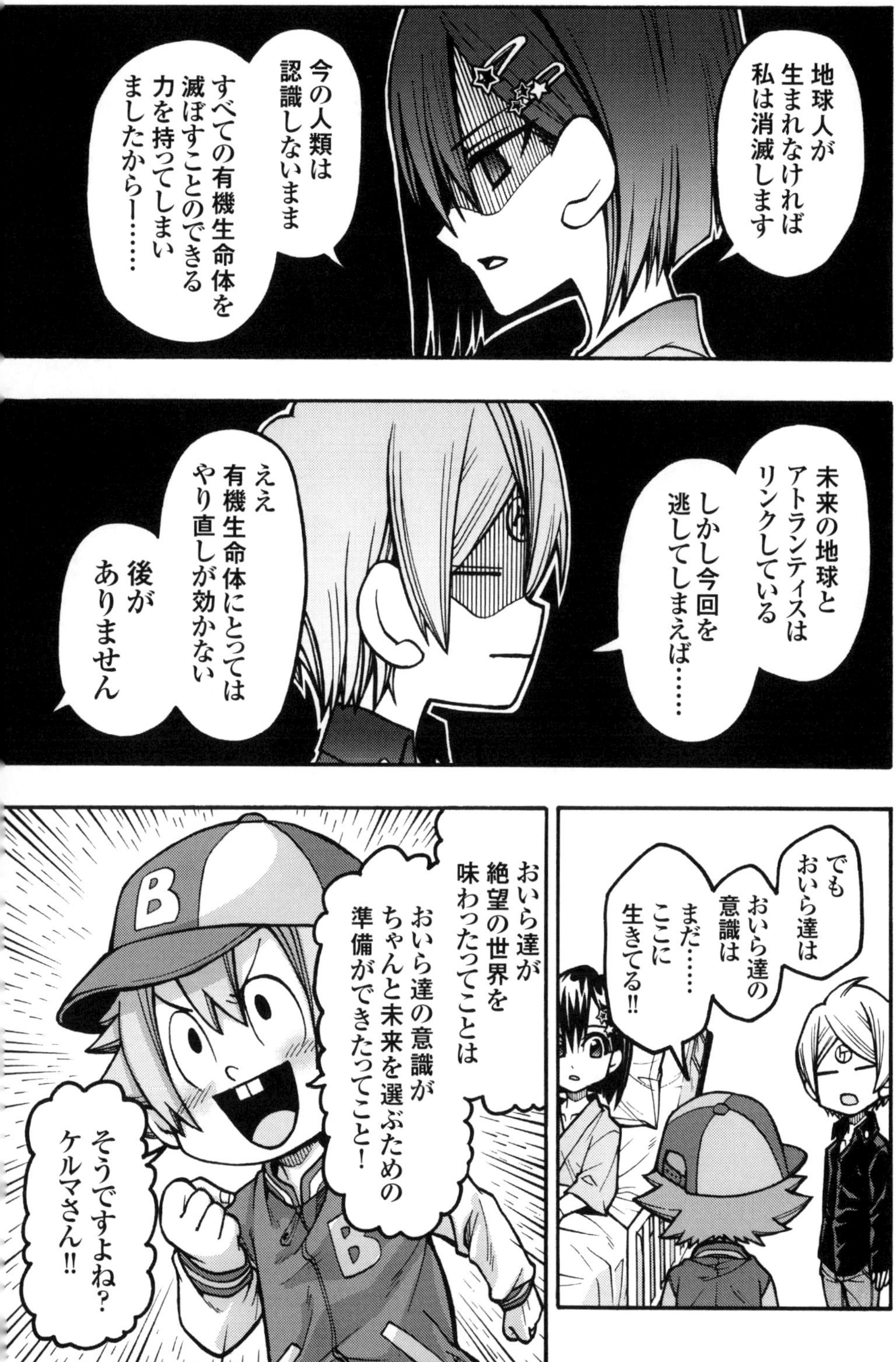
地球人が生まれなければ私は消滅します
今の人類は認識しないまますべての有機生命体を滅ぼすことのできる力を持ってしまいましたからー……
未来の地球とアトランティスはリンクしている
しかし今回を逃してしまえば……
ええ 有機生命体にとってはやり直しが効かない
後がありません
でもおいら達は
おいら達の意識はまだ……ここに生きてる!!
おいら達が絶望の世界を味わったってことは
おいら達の意識がちゃんと未来を選ぶための準備ができたってこと！
そうですよね？ケルマさん!!

うむ！ビー坊よ
その通りだよ
にっ
ザッ!!
古い世界は滅びた！しかしこれは新しい世界を見るチャンスでもあるのだ!!
我々みんな一緒に！新しい世界へ向かうのだよ!!
おー!!!
ゴゴゴ
ゴゴゴゴゴ

まもなく
次の世界へ
到着します
次の世界も
また
未来の一つの
世界のようです
よーし
そうと決まれば
出発準備だ!
行こう
行こう!!
わら
わら
わー
わー
あ
そーだ
ピタッ
?
君がビー坊に
シュレーディンガー・
メーターを
託したのは
ビー坊が
未来を創っていく
子ども達だから
くるっ
……かな?
ええ……
でも
どうして?
さっきのビー坊の
発言を見て
ふと思ったのさ
子どもの無垢な
エネルギーは
どんな深刻な
大人の悩みも
明るいパワーに
変えてくれる
……とね

ええ……
子どもは未来からやってきた未来人だものね
にこっ
じゃあリタちゃん今はゆっくりと休むのだよ
チャッ！
はいありがとうございます
ピシャ…
ふぅ…
あれは一体……
タタンタタン…
CJK-09
しかしあの……巫女のビジョン……
何だというのだ……？
タタンタタン…

臨死体験

漢和辞典で調べるとね。誕生日の「誕」とは、〝嘘やでたらめ〟という意味なのです。

そして死んだ日は命日、つまり、死んだ時からが真実の命だというのですよ。

ある日のこと、青いターミネーターが、ＳＨＯＧＥＮくんと編集者さんと共にやってきて、こう言いました。

「ＳＨＯＧＥＮくんはペンキ画家なんですが、アフリカのブンジュ村というところに行き、さまざまな素晴らしい体験をしたんですよ。その話がめっちゃおもしろくてね。今度一緒に本を出すことにしたんです。

この本を、たくさんの人に伝えたい！　なにか超常的な方法はありませんか？」

「では、易を立ててみようではないか！」

私はそう言って、五行易という占いをしてみたのでした。

その結果なのですがね。

「ＳＨＯＧＥＮくん……この卦の内容だと……君、死んでるよ」

するとＳＨＯＧＥＮくんは、こう言ったのでした。

「じつはボク！　死んでるんです！　ブァッ！」
ＳＨＯＧＥＮくんが髪の毛をブァッ！　とかきあげると、彼のおでこには深い傷跡があったのでした。
「昔、交通事故に遭ってね。医者に言われたんです。なんで君は生きてるんだ？　って」
すると、ＳＨＯＧＥＮくんの編集者さんが「はふ〜ん！」と興奮して咆哮しました！
「実はっ！　私も死んでいるのです！
昔、友人の車から気づかれないようにソ〜ッと車を降りてね……。
フロントガラスの前から顔を出して、バァ〜って驚かそうとしたのです！
その時、足を滑らせて転倒し、頭部を強打！　意識不明となり、一ヶ月もの間、ＩＣＵに入っていたのです！　まじ、体外離脱とか体験しました！」
死んだ男と死んだ女がタッグを組んだ、ＳＨＯＧＥＮくんと青いターミネーターの著書『今日、誰のために生きる？』は、ベストセラーとなったのでした。

超時空のひみつ

Part 7

世界のアップデートが可能な場所、日本

カアー…
カアー…
なんか ごく普通の 田舎町みたいな 感じですね……
シュレーディンガー！ レベルは マイナス85 ですぜ！
ということは つまり……
まだ 空想の世界に 近い状態だな
それより ケルマさん！ アレ！
アレ見て ください！
おお！ アレはっ!?
たこ焼き
タコ焼き屋 ではないかっ！
じゅー
じゅー
我々は タコ焼きに 導かれて いるのかっ!?

これはアトランティスで見た映像の謎を解くヒントになるかもしれん! まずは聞き込み調査だっ!
ダッシュ!!
おおっ!!!
……って名目でタコ焼き食べたいだけなんじゃや?
私も〜
まいどー
数分後…。
ほか!
ほか!
うーむ……アトランティスで見たビジョンはこのことだったのだろうか? フゴフゴ
なるほどー でもなんでタコ焼きなんですかね? フゴフゴ
カレーが食べたいって思いながら家に帰るとよくお母さんがカレー作ってくれてましたぜ!
あれもテレパシーなんすねフゴフゴ
うちはカレーがしばらく続くんだけどフゴフゴ
それはお母さんの都合ですなフゴフゴ

タコ焼きセラピーへ
ようこそ……
私は
タコ焼きセラピストの
ドクター・ペコです……
ニッ…
タコ焼き
……
セラピスト??
タコ焼き
セラピー
……って?
タコ焼きは
主食という位置
でもなく
おやつという
わけでもない
何よりも
その形状が
心を癒すの
です……

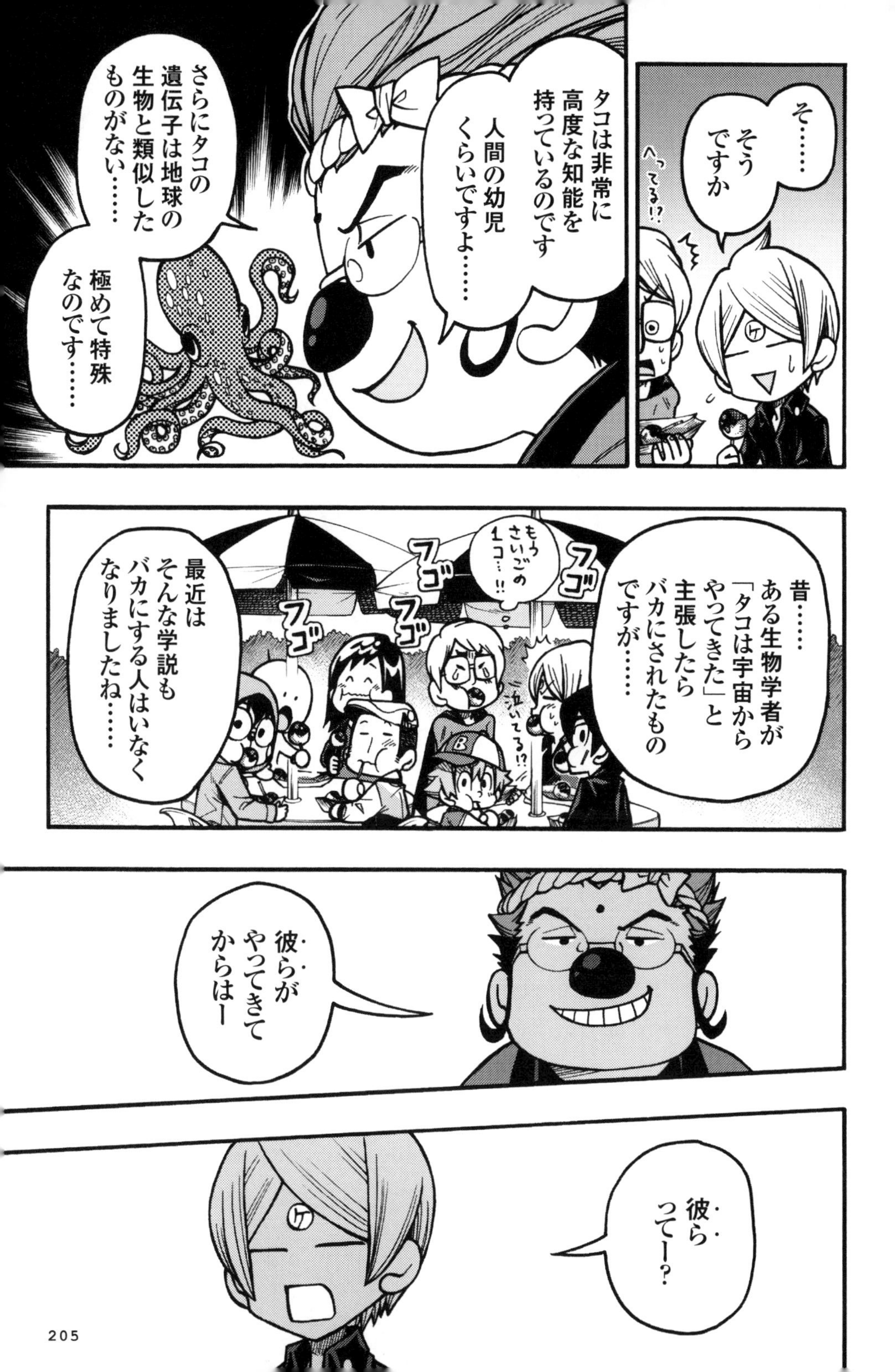
そ……そうですか
へってる!?
タコは非常に高度な知能を持っているのです
人間の幼児くらいですよ……
さらにタコの遺伝子は地球の生物と類似したものがない……
極めて特殊なのです……
昔……ある生物学者が「タコは宇宙からやってきた」と主張したらバカにされたものですが……
フゴ
フゴ
もうさいごの1コ…!!
フゴ
フゴ
泣いてる!?
最近はそんな学説もバカにする人はいなくなりましたね……
彼ら・・がやってきてからはー
彼ら・・ってー?

ゴゴゴゴ
ん……
ゴゴゴ
あれは空飛ぶ船……!?
TK-001
TK-003
まさかこれは……アトランティスの再来なのか!?
ガタッ
いいえ　あの船はあんな愚かな戦争をするための船ではありませんよ……
!!
よかったら私たちの世界をご案内しましょうか？
あなたたち別の世界から来られたんでしょう……？
えっわかるの？
あなたは何者なんですか？

ズヴウウウウン
わかりますよ……
あれから人間は大きく変わりましたからね……
シイイ…
今の人間は多次元を認識できるのです……
こちらは私の空中ラボです
みなさんをより高次元の時空へとご案内しましょう
パカ
TK-001
さあどうぞお乗りください
ケルマさんどうします?
なんかめちゃくちゃ怪しそうですけど
まぁ行ってみないことには何ともいえまい!
とりあえず彼の話を聞いてみるとしよう!!

ふわ
ふよ
TK-001
TK-003
ふわ
ふよ
TK-002
おぉ！
おおおおお〜!!
ROOM-0
EXIT
これが空中ラボというものか！
なーんかワクワクするなぁ!!

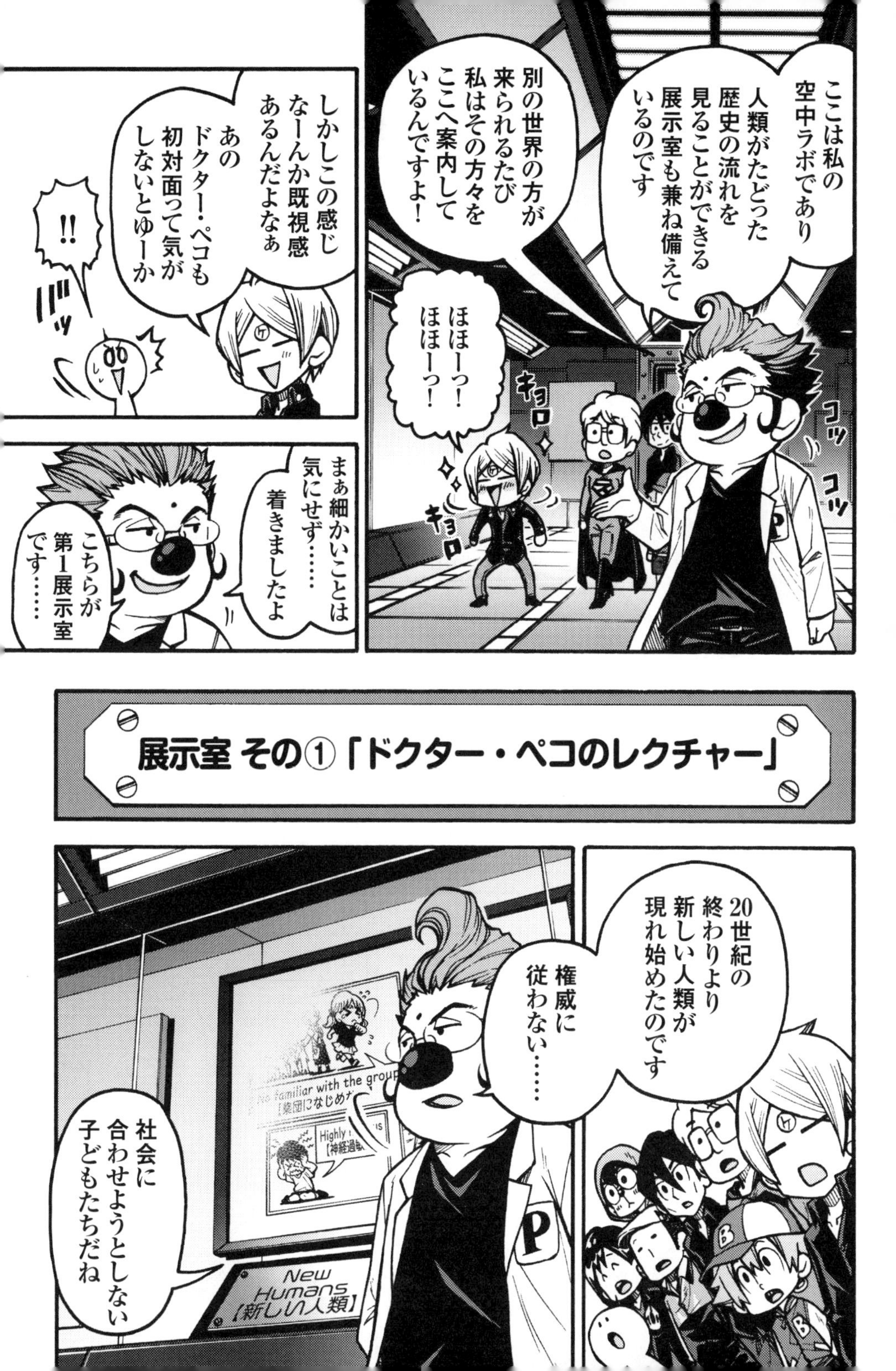
ここは私の空中ラボであり人類がたどった歴史の流れを見ることができる展示室も兼ね備えているのです
別の世界の方が来られるたび私はその方々をここへ案内しているんですよ！
ほほーっ！ほほーっ！
キョロ
キョロ
コツ
コツ
しかしこの感じなーんか既視感あるんだよなぁ
あのドクター・ペコも初対面って気がしないとゆーか
!!
バッ
まぁ細かいことは気にせず……
着きましたよ
こちらが第1展示室です……
展示室 その①「ドクター・ペコのレクチャー」
20世紀の終わりより新しい人類が現れ始めたのです
権威に従わない……
社会に合わせようとしない子どもたちだね
New Humans【新しい人類】

彼らは発達障害と呼ばれたり
引きこもりやニート……
生産性のない社会不適合者とレッテルを貼られました
Socially reclusive
【引きこもり】
No familiar with the group
【集団になじめない】
Highly nervous
【神経過敏】
しかし実は彼らは古い世界に対して激しく抵抗する新しい人類だったのです……
なぜなら従来の価値観や認識文明の在り方では
間違いなく人類は滅びるからです!!
すでに昭和40年代からその兆候はあったのです
初めは肉体レベルでした
人類は無意識のうちに
やがては人類を滅ぼしてしまう文明に対して
肉体が激しい抵抗をし始めたのです
それって例えば……
アトピーや花粉症潰瘍性大腸炎などのことだよね
アトピーってのは「奇妙」って意味なんだよ
当時の医学者たちもわからなかったんだよね

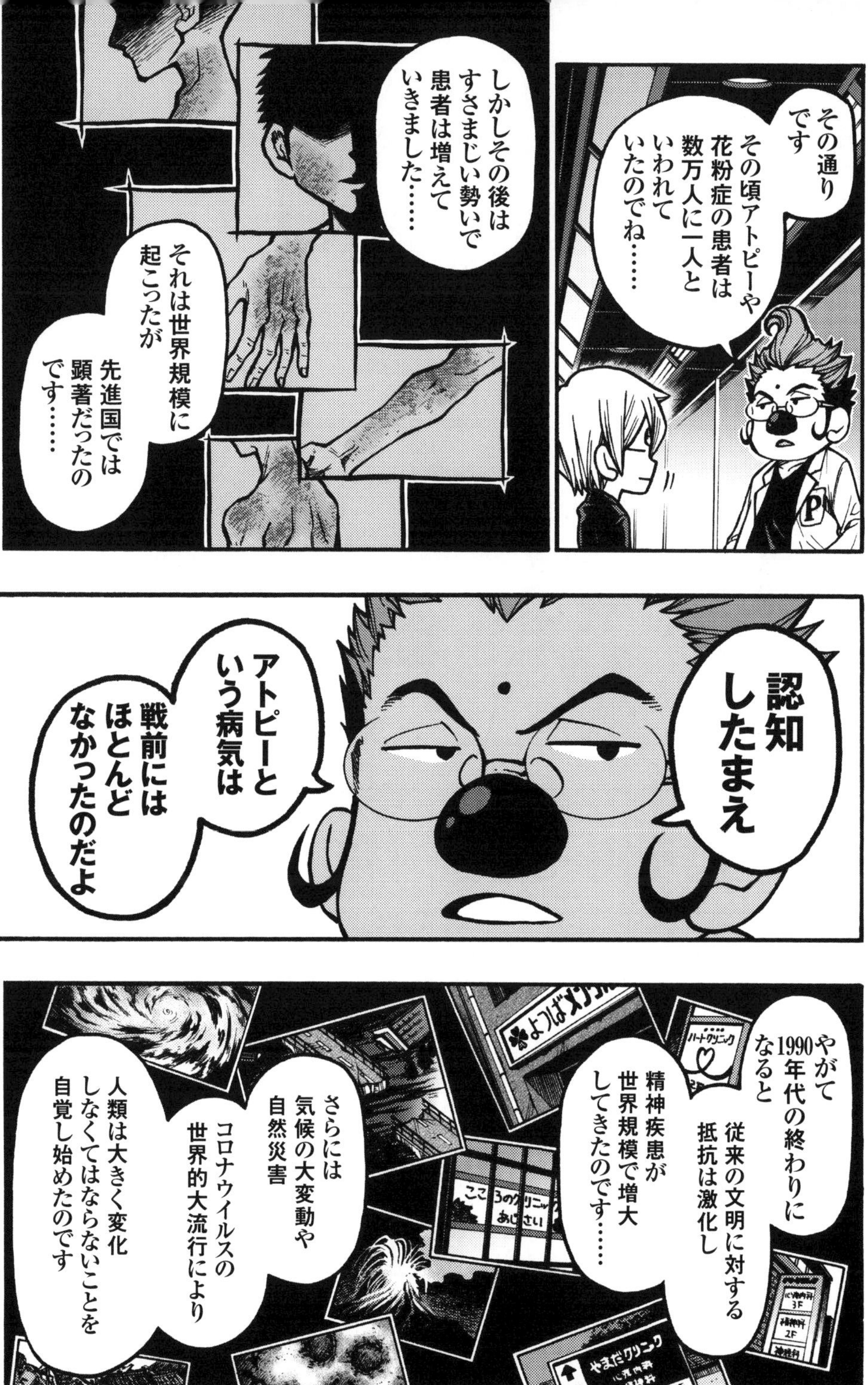
その通りです
その頃アトピーや花粉症の患者は数万人に一人といわれていたのでね……
しかしその後はすさまじい勢いで患者は増えていきました……
それは世界規模に起こったが
先進国では顕著だったのです……
認知したまえ
アトピーという病気は
戦前にはほとんどなかったのだよ
やがて1990年代の終わりになると
従来の文明に対する抵抗は激化し
精神疾患が世界規模で増大してきたのです……
さらには気候の大変動や自然災害
コロナウイルスの世界的大流行により
人類は大きく変化しなくてはならないことを自覚し始めたのです
ハートクリニック
こころのクリニック あじさい
やまだクリニック

そしてついに大変な混乱期を乗り越え
破滅ではなく
地球人として進化していこうという人間が現れ始めました
Earthling
【地球人】
あれっ? これケルマさん……
っていうか僕たちじゃないですか!?
おおっ本当だ!
何だこりゃ!?
歩を先に進めます
コッ
コッ
ザーン
まさかのスルー!?
展示室 その② 「経済の未来」
新しい世界に向かうために
人類は価値観を大きく変える必要性に迫られました
Exhibition Room2
【第2展示室】
一つは経済です
利益のみを追求する経済活動は人類にとって致命的でした……
利益ではなく……
自分自身の楽しみのために労働するのです……
[US$]
$5
$50
10¢
¥5,000
¥100
¥50

つまりお金のために働くんじゃなくて
自分がしたいことのために仕事するってことですね
でもそれ経済的には大丈夫なの？
お金とは循環なのだよ
血液と同じなのだ！
一人ひとりがお金を循環させる血管なのだよ！
だから循環システムを活用すればよいのだ！
その通り！
収入には労働収入と不労収入があります
労働収入
働いた分だけもらえるお金
（いわゆるお仕事）
不労収入
働かずとも得られるお金
（国債、ファンド、FX、株式投資、不動産　など）
退職→アルバイト（労働：不労＝10:0）
退職→年金生活（労働：不労＝ 1:9）
不労収入には投資などの経済システムを使えばよいのです
投資とか失敗しそうで怖いなあ……
ダマされそうだし
それは勉強不足ですね！
利益のみを追求すると致命的なのです
経済とは循環ですから
ぐさっ
個人が真に投資するに値する企業に投資していった結果
世界の政治・経済は大きくアップデートしていきました……

『超常戦士ケルマデックCDブック』（マキノ出版刊）

●参考図書／アーサー・ケストラー著『ホロン革命』

その通りです……
新しい世界の経済は「徳」をつまりホロンシステムを採用したのです
それを提唱したのは日本でした
東洋文明は右脳的で全体的
西洋文明は左脳的で部分的なのです
右脳
右脳
左脳
Logical
Rational
LEFT BRAIN
右脳
脳梁
左脳
私が脳の進化の話のときに触れた話だね!
にゅっ
そして日本はこの二つの文明を統合するホロンポイントなのですよ!
世界の変化はあの混乱の最中徐々に顕れ始めました……
Worldwide Chaos
【世界の混乱】
そして世界中に浸透していったのです
なるほど
これは100匹目のサル現象なのだよ
100匹目のサルですかい?
おやビー坊は聞いたことなかったか
100匹目のサルという現象は精神世界やニューサイエンスで有名なのだよ

生物学者のライアル・ワトソンは著書『生命潮流』の中で「100匹目のサル」という概念を説明したのですよ
ある島にサルの群れが住んでいたのです
じゃぶ じゃぶ
ある日サルの一匹がイモを海水で洗って食べるという行動を始めたのでした
じゃぶ じゃぶ じゃぶ じゃぶ
塩水で洗うと塩味が染みて味がよくなったのだね
すると他のサルたちも真似をし始め
おいしい!!!
この新しい習慣はやがて島のサルすべてに伝わったのですよ

●参考図書／ライアル・ワトソン著『生命潮流』

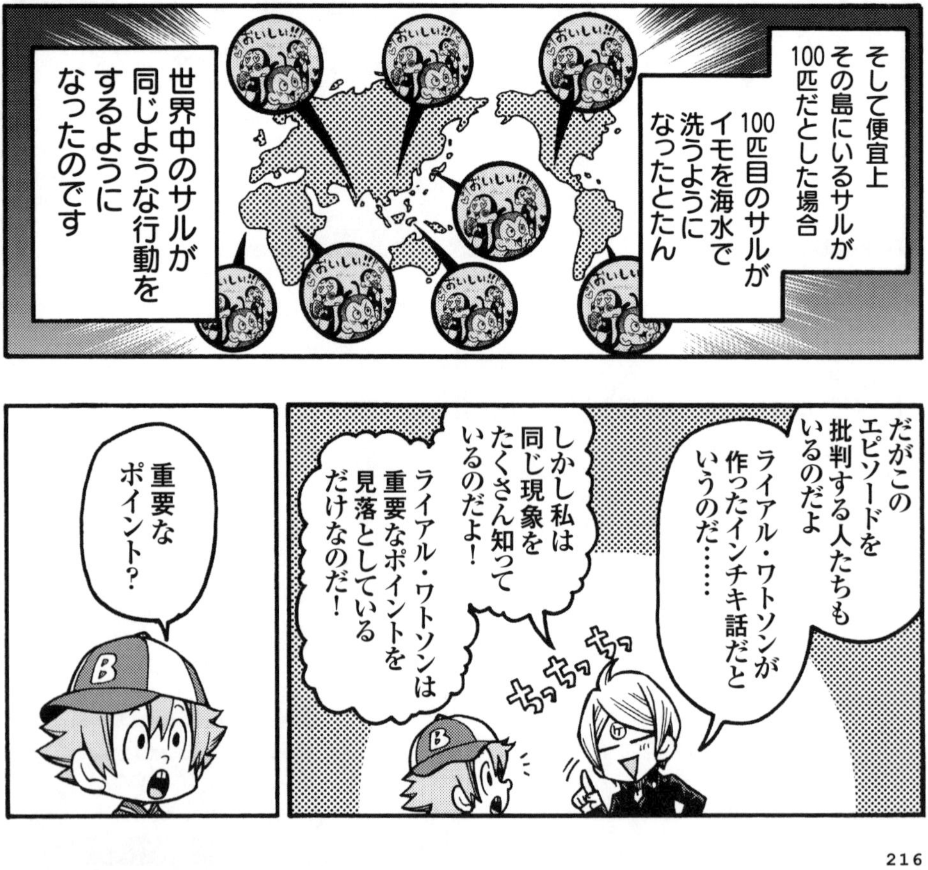
そして便宜上その島にいるサルが100匹だとした場合
100匹目のサルがイモを海水で洗うようになったとたん
おいしい!!!
世界中のサルが同じような行動をするようになったのです
だがこのエピソードを批判する人たちもいるのだよ
ライアル・ワトソンが作ったインチキ話だというのだ……
ちっちっちっ
しかし私は同じ現象をたくさん知っているのだよ！
ライアル・ワトソンは重要なポイントを見落としているだけなのだ！
重要なポイント？

100匹目のサル現象は日本の島で観測されたのだよ！
その島はホロン・ポイントだったのだ!!
バ――ン!!
なんかそのポーズ久々っ!!
全体でもあり部分でもあるホロン
そして日本は世界のホロン・ポイントなのです
世界
ホロン
日本
ホロン
幸島
ホロン
じゃぶ
じゃぶ
サルの芋洗い
そして日本中にもたくさんのホロン・ポイントがあり
そこは世界のアップデートが可能な場所なのですよ
古い世界では人類はお金の奴隷でした……
お金のためにひたすら働き
お金のために一生を終えました
そしてその歪んだ認識に従って
お金を支配する存在たちが現実化していました……
陰謀論で語られるような影の支配者です
実際には彼らは我々の歪んだ認識が作り出した
影のようなものだったのかもしれません……
しかし新しい世界ではお金は単なる道具なのです
人類はもうお金の奴隷ではない……
我々自身がお金の支配者なのです!!

展示室その③「戦争の進化」

ひ……
ひええ……
やっぱり戦争の記録って何度見ても辛いものがありますよね……
ぎゅ…
うむ……
だがこれらはもはや過去の話ですよ……
くるっ
え？
新しい世界になり在り方が大きく変わったものの一つが戦争です
ニヤリ…

戦争はなくなったんですかい？
いやいや
戦争は生きようとするダイナミックなエネルギーに満ちたドラマです……
ただ人類が自ら滅びるような戦争はしなくなりましたね
今では戦争はスポーツとなっています
特にeスポーツなんかは世界中でワールドカップが行われているね！
グッ！
私はドイツ軍のファンなんだよ!!
ヤッ!!
アメリカ軍を殲滅せよっ!!
なんだか過激だなあ
タコ焼きセラピストとは思えない発言ですぜ！
ああっ！そういえば思い出したぞっ!!
ビクゥ
ビク
実は私は昔……
密《ひそ》かにノン・リーサルウエポンを考案したことがあったのだよ！
非殺傷兵器《ノン・リーサルウェポン》……ですか？
それは一体どんな？

ずばり！敵をすべてぎっくり腰にする兵器だよ！
みんながぎっくり腰になったらとてもじゃないが戦争する気にならないだろうと
私は考えたのだよ！
ぎっくり腰！そっそりゃあ辛いですよ！
ほんとに動けなくなりますからね！
〝魔女の一撃！〟ってやつですよっ
ほんと辛くて動けませんよね!!
ガクブル
ガクブル
？
クックックッ……そうだろう？
でも敵をすべてぎっくり腰にするなんて
そんなことが本当に可能なんですか？
あわわわわ
わわわ
実はぎっくり腰になった人が病院に行くと
何も異常がないと診断されるケースが多いのだよ
異常ないですね
そんなバカな!!
なぜかというとね
ぎっくり腰の多くは脳の中で神経の誤作動が起き
激しい痛みがあると錯覚させているらしいのだ
ええっ！あの痛みが錯覚ですか!?
まぁ中にはヘルニアなどもあるがね
多くは錯覚なのかもしれないのだね
錯覚!?
あんなに痛いのに！
その昔催眠術の実験をやったのだよ

ぎっくり腰で動けなくなった人に自己暗示で催眠状態になってもらい
ぎっくり腰が消える暗示を行ってもらったのだよ
すくっ!!
いたみがきえる いたみがきえる
おおっ
結果一瞬のうちに
激しいぎっくり腰の痛みが消えてしまったのだ!
そりゃあとんでもないですね!!
脳の誤作動によってぎっくり腰になるのなら
意図的に誤作動を起こせばノン・リーサルウェポンが実現できるのだ!
クックッ クックッ クックッ
人間の脳に干渉するような低周波を使って
ぎっくり腰で苦しむ腰痛戦士の脳波を共鳴させればよいのだよ!
しかもだ!
人は自分自身の痛みに囚われているとき他人も同じ痛みを感じていると知ったら
ミラーニューロンの働きにより深い共感が発生するのだよ!
これによって思いやりといたわりの情が生まれ
戦争は終わるのだ!
NEURON
イタ〜イ
共感!!
NEURON
イタ〜イ
あなたも!?
あなたも!?
ひゃーっ ひゃっひゃっ ひゃっ
みんなぎっくり腰になればよいのだよ!!
ひいいいいいいいっ!!

ケルマデック 妄想劇場
「シュレーディンガー・レベル マイナス80」
西暦200X年……
人類はコロニーを作り 宇宙に移住し始めていた
やがて多くのコロニーが地球からの管理に対して反発！
独立のための戦争が起こった
俗にいう「山田帝国の反乱」である
宇宙条約によって戦略核などは撤廃されており
兵士たちは伝統的な火器兵器で戦ったが
それは双方にとっての多大な消耗戦となった
そんなある日
脳波共鳴によるノン・リーサルウェポン
通称「ケルマの呪い」によって
兵士のほとんどがぎっくり腰を発病
はっ!!
ピキーン
ギクッ!!
あ…っ
Oh!!
ぐあっ

これを受けて
別府温泉理事会の発案による
宇宙温泉会議が開かれ
世界はこれに
合意
あ〜
たすかった〜
戦争は
停戦となった
しかし
ほどなくして
AIを搭載した
マッサージチェアに
機動力を付加した
アーマースーツが
開発され
はぁ〜
らく〜
ガション
ガション
戦闘に投入
され始めた
アーマー
セラピースーツの
台頭である!!
各コロニーでは
アーマーセラピースーツの
開発競争が激化し
ガションガション
ガションガション
人類の戦争は
より深い
癒しを求めて
次のステージへと
移行したのであった――……
……てな感じで
どうかな?
どうかな?って
いわれても……
でもそれで
戦争と
ぎっくり腰が
回避されるなら
いい……
のか??
おいらは
アーマーセラピースーツが
ほしーですぜ!!
スケッチブック
妄想劇場
おしまい♪

展示室その④「医療の進化」

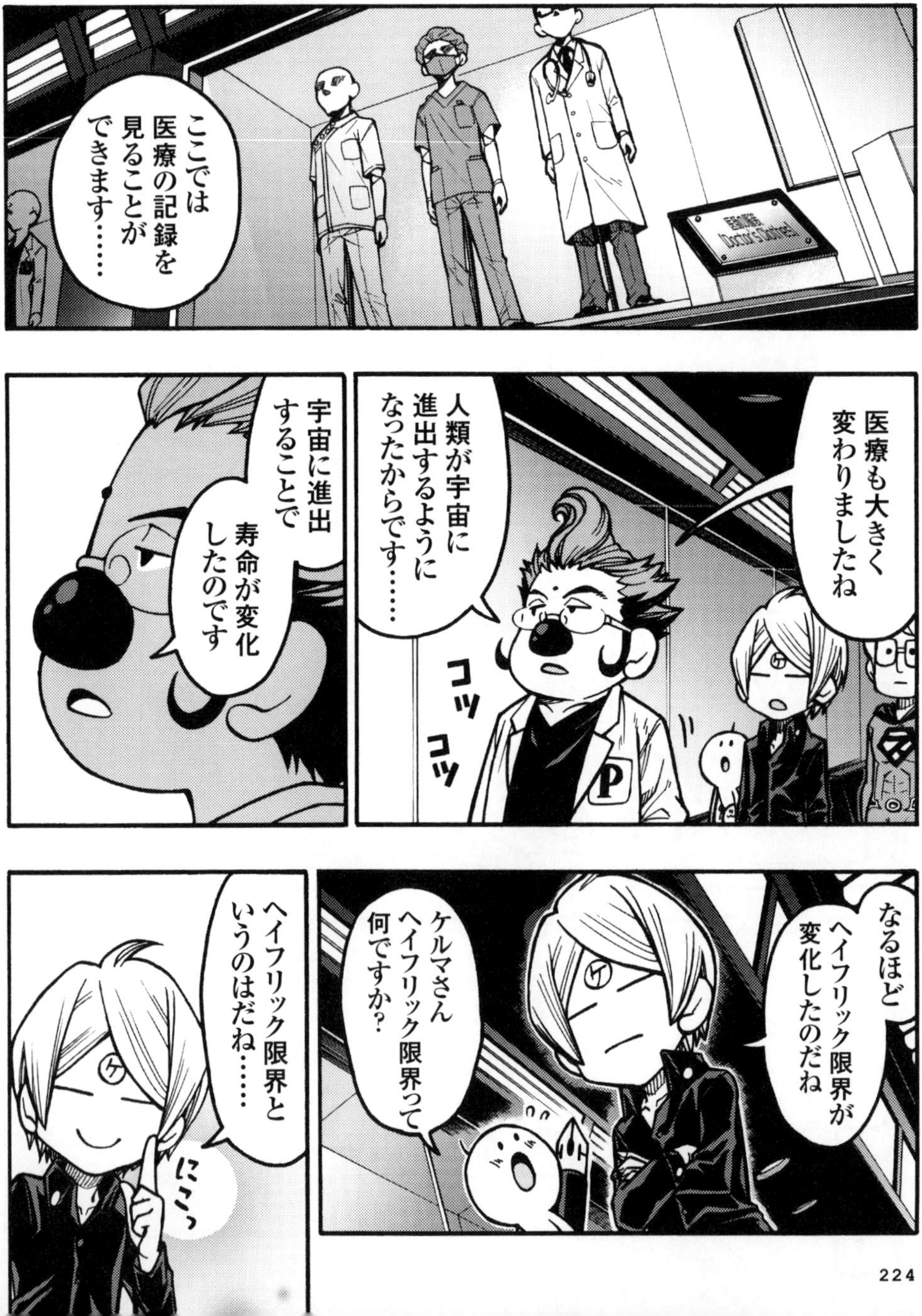
ここでは
医療の記録を
見ることが
できます……
医療も大きく
変わりましたね
人類が宇宙に
進出するように
なったからです……
コツ
コツ
宇宙に進出
することで
寿命が変化
したのです
なるほど
ヘイフリック限界が
変化したのだね
ケルマさん
ヘイフリック限界って
何ですか?
ヘイフリック限界と
いうのはだね……
にこっ

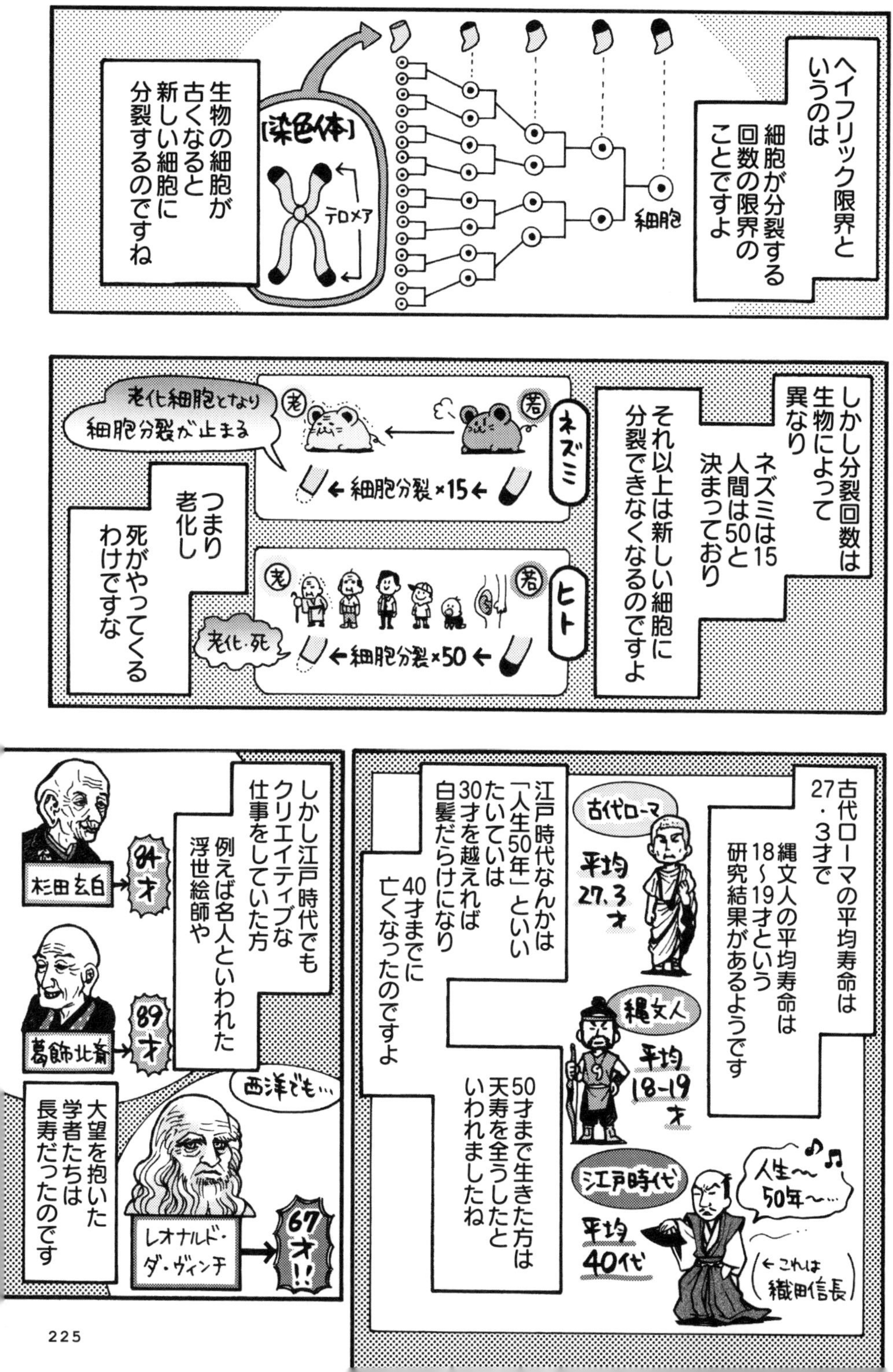

ヘイフリック限界というのは
細胞が分裂する回数の限界のことですよ
細胞
テロメア
【染色体】
生物の細胞が古くなると新しい細胞に分裂するのですね
しかし分裂回数は生物によって異なり
ネズミは15 人間は50と決まっており
それ以上は新しい細胞に分裂できなくなるのですよ
ネズミ
若
老
細胞分裂×15
老化細胞となり細胞分裂が止まる
ヒト
若
老
細胞分裂×50
老化・死
つまり老化し死がやってくるわけですな
古代ローマの平均寿命は27・3才で
縄文人の平均寿命は18〜19才という研究結果があるようです
古代ローマ
平均27.3才
縄文人
平均18-19才
江戸時代なんかは「人生50年」といいたいていは30才を越えれば白髪だらけになり
40才までに亡くなったのですよ
50才まで生きた方は天寿を全うしたといわれましたね
人生〜50年〜…
江戸時代
平均40代
(←これは織田信長)
しかし江戸時代でもクリエイティブな仕事をしていた方
例えば浮世絵師や名人といわれた
杉田玄白
84才
葛飾北斎
89才
西洋でも…
レオナルド・ダ・ヴィンチ
67才!!
大望を抱いた学者たちは長寿だったのです

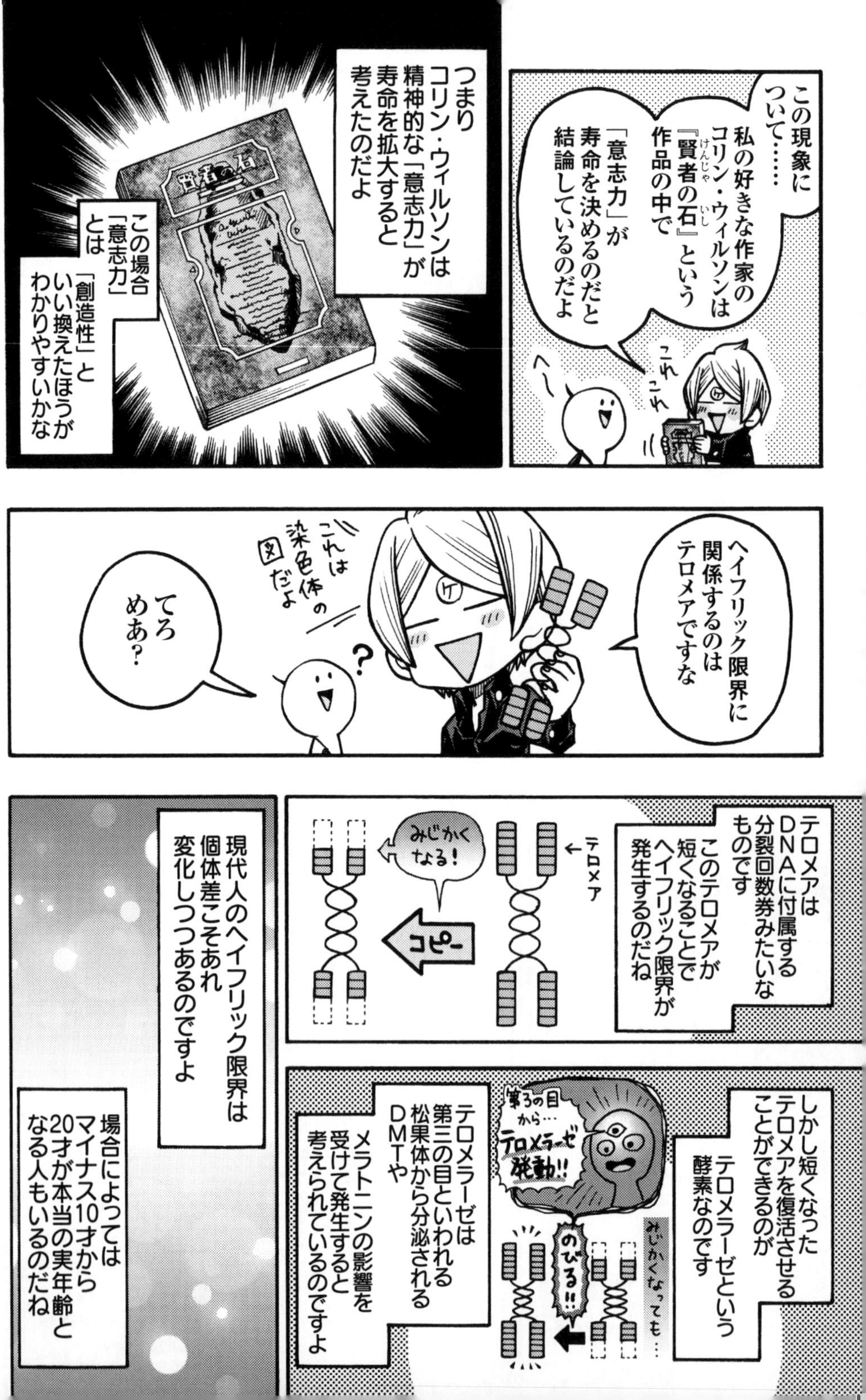
この現象について……
私の好きな作家のコリン・ウィルソンは『賢者《けんじゃ》の石《いし》』という作品の中で
「意志力」が寿命を決めるのだと結論しているのだよ
これ これ
へ〜
つまりコリン・ウィルソンは精神的な「意志力」が寿命を拡大すると考えたのだよ
この場合「意志力」とは
「創造性」といい換えたほうがわかりやすいかな
ヘイフリック限界に関係するのはテロメアですな
これは染色体の図だよ
てろめあ?
?
テロメアはDNAに付属する分裂回数券みたいなものです
このテロメアが短くなることでヘイフリック限界が発生するのだね
テロメア
みじかくなる!
コピー
しかし短くなったテロメアを復活させることができるのが
テロメラーゼという酵素なのです
みじかくなっても…
のびる!!
第3の目から…テロメラーゼ発動!!
テロメラーゼは第三の目といわれる松果体から分泌されるDMTや
メラトニンの影響を受けて発生すると考えられているのですよ
現代人のヘイフリック限界は個体差こそあれ変化しつつあるのですよ
場合によってはマイナス10才から20才が本当の実年齢となる人もいるのだね

しかし私の観察ではさらにもう一つ重要なファクターがあるのです
私は個体の寿命は種全体のバランスだと考えているのですね
つまりホロン・システムですな
例えばこの地球の人口収容能力ですよ
一説には60億ともいわれてますね
せまいよ～!!
60億ギッシリ!!
さまざまな説がありますが
現在の人口は80億以上です
当然キャパオーバーとなるからね
アポトーシス（細胞死）というか自然淘汰的なクライシス（破滅）が発生するのは当然ですよ
病気や戦争によって…
ホッ
広くなった～!!
病気、飢餓、自然災害、戦争、自殺……などなどです
これはあくまで私の推論なのだがね
過去の医療はヘイフリック限界に沿った医療だったのかもしれない……
もちろんドクターたちはがんばってくれていたのだがね
なぜならば寿命が増大したら
人口が地球のキャパをオーバーしてしまい
悲惨な状態が発生してしまうからだ
人口をセーブし
減らす必要や計画があったのかもしれないのだ

ヘイフリック限界は認識や生命圏の規模と比例するというのが私の仮説なのですよ
つまり限りある地球の中ではヘイフリック限界が発生するのです
それを突破するには
宇宙に行くしかないのですな……!!
ニヤ…
実際 宇宙飛行士の体細胞のテロメア
（ヘイフリック限界を突破するパーツ）は
ふよ〜ん
びよ〜ん
活性化することがわかっているのですよ！
ビシッ
そして私はその仮説を立証する決定的な証拠を発見したのです！
ウィキペディアでっ!!
じゃーん!!
ウィキペディアでーっ!?

ウィキペディアによるとですよ……
ゴクリ…
「ウルトラマン……
約20000才」
!!!
しかもしかもです
「職業……大学教授」
さらに「趣味……読書」
ああ見えて彼はすごーくインドアな人なんですよっ
検証事例はまだまだあるのだよっ
宇宙人に遭遇したと主張する人が
「宇宙人は非常に長寿」と語るのですよっ!!
ビシーッ
!!!
調べてみたのですがね!
プレアデス星人 寿命1000才
シリウス星人 寿命10000才
ドラコニア星人 寿命100000才
デーモン閣下 寿命100057才
つら つら つら つら
我々の常識をはるかに超えるお年ですな!
物理的に宇宙に行くのが難しくても大丈夫です
精神的に宇宙に行ければOKですよ
アストラル体をとばすとか…よくききますよねっ
はぁ…
なんか飛んでる…
さらにさすがに宇宙人!
知能もハンパありません!
ぐっ
知能も調べたのっ!?

ちなみに
メトロン星人
IQ1000
メフィラス星人
IQ10000
チブル星人
IQ5000
宇宙猿人ゴリ
IQ300
…だそうですよ
ひゃっひゃっひゃっ
こんな知識がスラスラ出てくるケルマさんも十分すごいですけどね……
いえてる
しかしラストバトルはたいてい肉弾戦です
ぜ～んぜんIQ関係ありません!
やはり最後は体力ですな!!
ひゃーっひゃっひゃっ
これ何の話でしたっけ?
確か人類が宇宙に行くとかどーとか……
ハッ!!
ピコーン!!
?
ふっふっふっ
クックックッ
クックッ……
えっ
クラウズさんにタカオさん
急にどーしちゃったの?
ケルマさん僕たちわかりましたよ
ふふふふふふふふ
人類の未来を選ぶポイントが
ほほう! どんなポイントだね?

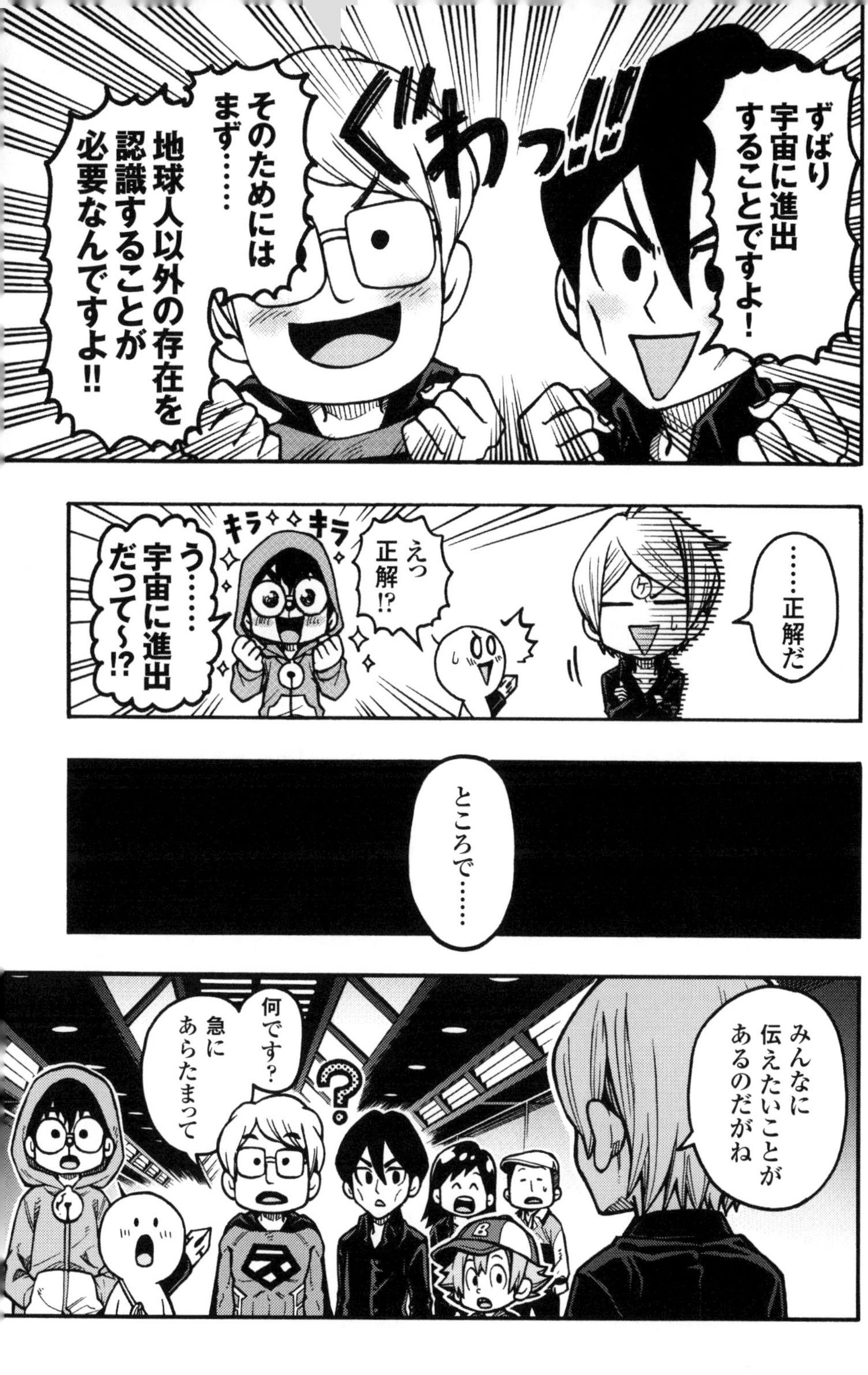
ずばり
宇宙に進出
することですよ!
ぐわっ!!
そのためには
まず……
地球人以外の存在を
認識することが
必要なんですよ!!
……正解だ
えっ
正解!?
キラ✧✧キラ
う……
宇宙に進出
だって~!?
ところで……
みんなに
伝えたいことが
あるのだがね
何です?
急に
あらたまって

私はさっき……いや この鉄道に乗ってから何度も
巫女のビジョンを見たのだよ
えっ…… それ おいらも見たよ！
ぼくたちも！
私たちも‼
言われてみれば あれは巫女のビジョンだった‼
そうか 君たちも見ていたなら話は早いな
私が思うに……

あれはおそらく
ヒミコさんなのだ
え？ヒミコさんってあの……？
邪馬台国のヒミコですか？
そうだよ
日本が世界の雛型だとするならば……
私は今の世界が倭国大乱の時代とリンクしていると考える

世界をまとめる力

「我々が見たのは、可能性として存在する未来の一つなのだ」

「あれが……未来のひとつ……」

「今、我々の世界は憎しみと対立に満ち溢れつつある。

世界は分断され、人々は地球規模の破壊に突き進みつつあるのだ

だがしかし、軍事力でも、経済力でも、権力でもない、世界をまとめる力があるのだよ」

「あの巫女が？」

「その昔、日本では倭国大乱といって、国中が争っていた時代があった。男たちは、争いを止めようとしたが、まったく収まらず、争いは80年以上続いたといわれている。

だがある日、女性の巫女が立ち上がったのだ。

ヒミコさんだよ。

彼女は、神秘の力を持っていた。

すべての人の心を、共感させる力を持っていたのだよ」

「それってまるで、アトランティスの人が持っていた能力みたいですよね」
「語り部によると、彼女は歌を歌ったのだ。
歌は、すべての人の心に浸透していった。
すると、人々は戦いをやめていったのだ。
そして人々は、巫女のもとに寄り添っていった」
「ヒミコさん……」

「ことだまの力だ！　ヒミコさんは、ことだまの力で、すべての争いを終わらせたのだ！」

「ことだまの力？」

邪馬台国

巫女は、戦の犠牲となった女と子どもたちの、酷《むご》たらしい遺体を眺め続けた。
彼女の顔は、何も感じない能面のように、凛として無表情だった。
神殿に籠もってしばらく後、巫女は声にならない声で、泣き叫び始めたのである。

……ぁあああああああああああ!!!
ああああああ!!!　ああああああああああ！！！！！！
世界は暗く、闇に染まっていった。
そして、国のすべての者が、張り裂けそうな悲しみと痛みを共感したのである。
それが、巫女の力だった。
暗黒の悲しみは、果てしなく続くように感じられた。

やがて、巫女は歌を歌い始めた。
歌は、すべての者の心の中へと、浸透していった。
歌は、すべての者の心から、憎しみと報復心を消し去っていった。
そして彼らは、武器を手放していったのである。

夜空には、月が浮かんでいた。
優しさに溢れた美しい月である。
神殿が開き、巫女が現れた。

彼女は、手に盃を持っていた。
盃には酒が満たされ、美しい月が映えている。
巫女は、慈愛に満ちた優しい言葉で、こう言った。
「争いは、おしまいです。
私たちは、兄弟、姉妹、親子、家族なのです」

そして巫女は盃を飲みほし、月を見あげた。
邪馬台国　女王卑弥呼《ヒミコ》の誕生である。

日本人の能力

日本語の、脳の認知システムは特殊で、
虫の鳴き声や波の音といった自然界の音を、言語として捉えてしまうのです。

そしてだね。

その逆も真なりなのだ。

日本語で言葉を発したら、それは世界に影響するのだ！

極端に言えばだね。

「雨よ、降ってください」と発したら、自然が応えてくれるのだよ。

雨が降るのだ。

そして、「戦争をやめなさい！」と発したら、世界の人々の、心が変化するのだ。

「ことだま」だよ。

これが、みんなが忘れている日本人の能力なのだ。

邪馬台国のヒミコさんは、強大な「ことだまの力」を持っていたのだよ。

エピローグ

進化の分岐点

シュレーディンガーの時間

見知らぬ夜の大地に到着する超常列車。
空には美しい満月がある。

巫女の言葉が、みなの心の中で優しく響いた。

……思い出しなさい。
あなたがたの中には、ことだまの力が
あるのです……

「ここは、なんの世界なんだろう?」
「おそらく、我々にとって必要な世界に違いないのだ……」
「あ〜っ！　ケルマさん！　ここ、スマホが使えるよ！
ネットニュースが見られる！」

「変だな……日付だけが、ボヤケて見えない！」
「まだ確定されてない世界だから、日付もボヤケているのだ！」
「たしかに！　シュレーディンガー・メーターも、マイナス40ですぜ！」
「もしかすると、少し未来の世界かも。
ネットのニュースが見られるよ！　あっ！」
「●●国と交戦！　だと？」
「A国参戦！　B国参戦！　C国報復！」
「世界の交戦速報！」
「食糧対策困難！　悲鳴をあげる都市部！」

シ〜ンとする一同

「ケルマさん！　こ、これって……第三次世界大戦じゃ？」
「落ち着くのだ！
この世界はまだ、確定されていない幻みたいなものだ。
未来はまだ、決まってはいない。

そして我々は、シュレーディンガーの猫のような存在なのだ。
だからこそ、我々はここに引き寄せられたのかもしれない！
「あっ、あそこになんか見えますぜ」
「ぁあっ！」
「ここは？」

剣山のモニュメント

「……剣山《つるぎさん》だ……一説によれば、この地にはかつて邪馬台国があったといわれている。
そして剣山には、旧約聖書に登場する神器アークが隠されているという伝説があるのだ」
「アーク？」
「アークには、世界を動かす力があるといわれている。
我々がここに来たということは、ここが世界を動かす場所なのだ！
100匹目のサル現象を起こす場所！

ホロン・ポイントなのだ！
世界の争いを止めるために！」

ヒミコさん集結！

「日本の女性は、ヒミコさんの力を有していると、私は考える！　スマホが使えるのならば、全国のヒミコさんに助力を乞うのだ！」

あちこちに電話するケルマさん
「はい、こちらシャイニング……あら！　ケルマさん！　えっ！　ヒミコさん復活で世界を救う？」
「はい、高知魔女の会……えっ？　ヒミコさんのことだまで世界を救う？」
「中国爆走連合のハナコだ……おお、ケルマさん……なにっ！　ヒミコさんの復活だって？」

「はい、子育てサークル・リトルウインドウです。あらケルマさん。え？　ヒミコさんの復活？」
「わかったわ！　マーマーガールズに伝えるわね！」
「魔女たちに、招集をかけるがよ！」
「あたいにまかせな！　レディース全員に伝達だっ！　ヒミコさん復活させるぜっ！」
「わかりました。ヒミコさん復活を、お母さん方に連絡しますね」

報告するリタ
「ケルマさん、キッチンクローゼットに、お探しの盃がありました！」
「ぉお！　ありがたい！　これが必要なのだよ！」
「日本酒もありました」
咆哮するケルマさん
「みんな、盃を用意して待機するのだ！」

盃の儀式

「ケルマさん！　いったい何をするつもりなんですかっ？」

「すべての女性は、ヒミコさんの力を持っている！
今こそヒミコさんの力を思い出すのだ！

ことだまを用いて、盃の儀式を決行するのだ！」

「盃？　なんで盃が？」

古来、世界のすべての宗教的儀式や、社会的な儀式では、盃を酌み交わすことが行われてきたのです。

盃を酌み交わすのは、擬似家族を作る重要な儀式なのですよ。

我々の集合無意識は、根源的な儀式やアクションによって、激しく反応するのです。

月の真実

酒で満たされた盃には、天空の月が映っていた。
「見たまえ、盃の表面に月が映っている。
宇宙から見なければ理解できない真実が、ここにはあるのだ」
「真実？　ですか？」
「ちなみに、北極を中心にして、地球の大陸を配置すると、こんなふうになる」
「ほうほう」
「さらにだね。
月の映像を鏡に映して反転させたものが、これだ」

「えっ！」
「こ、こりゃあいったい……！」
「同じじゃないか……」
「そうだ、同じだ。

月の表面には、地球が映っているのだ」

「ええっ!!」

「そんなバカな!」

「日本は世界の雛型だと言ったよね。そして月もまた、地球と相似形なのだ。

これを、フラクタルというのだ。
宇宙は、フラクタル構造なのだ。
そして盃とは、さかづき、

つまり、逆月なのだ。

月
地球/世界
日本
うぃ〜…
日本は世界の雛型なのだ!

酒の表面に、地球が映っているのだ。

そして盃を交わすとは、宇宙規模の視点から見た、宇宙契約なのだ。

もう、殺し合いや憎しみ合うのはおしまいだ！
地球規模の、兄弟姉妹の契《ちぎり》を交わすのだ！　地球人となるのだ！
そしてこれこそが、世界的な『100匹目のサル現象』を引き起こす儀式なのだ！」
「そ、そうだったのか！」

ヒミコさんコスプレ

「ヒミコさんを復活させるために、たっぺんにはヒミコさんのコスプレをしてもらおう」
「えっ！」
コスメツールを持ち、咆哮するケルマ！
「誰もがっ！　ヒミコさんになれるのだよぉおっ！
秘技！　恥じらいのエーデルワイス！」

北斗神拳のごとき、ケルマさんのアクション！

バシュッ！　スチャッ！　バシィいいいん！

「まずはベースとファンデーション！　リップは初々しいカーマインレッド！」

「ぶはぁあっ！　ぐはぁあっ！」

「秘技！　マドンナの憂鬱！　アイライナーゴー！　パールパウダーオン！

コスメ－ルネッサ～ンス！」

「ぶほぉぁあああっ！」

衣装は、Amazonにて3800円で購入！」

ばふ～ん！

「きまった……ヒミコさん完成だ！」

「ひぃいいいいいっ！」

シンビオーシス（共生）

地球は生命体なのですよ。

40億年以上昔、地球に土はなかったのです。

やがて菌などの微生物が生まれ、長い長い時間をかけて、菌が土になっていったのですな。近年の研究でわかったように、菌には知能があるのです。

研究者たちは迷路を作り、ゴール地点に栄養素を置いて、スタート地点には菌を置いたのでした。結果、菌はゴールまでの最短距離のルートを作り上げたのです。

菌は地球をネットワークで覆い、さらに自由に動くことができる生命体を生み出していったのです。

やがて、知能を獲得した人類は、天上に輝く月を見たのでした。

スタンリー・キューブリックの映画「２００１年宇宙の旅」の冒頭に登場するサルには、原作者から、「月を視る者」という名前がつけられているのだよ。

そうなのだ。

我々は、進化した時より、月を目指したのです。

しかし、生物が進化する時は、激しいゆらぎが発生するのですよ。
さまざまな種の生命体が滅びたり、環境が激変するのです。
今の地球では、毎日１００種類の生物が絶滅しています。
１年で、約４万種の生物が絶滅しているのです。
昆虫も少なくなり、地上の動物は過去50年で半分になりました。
海の生物も、半分に減ってしまったと言われています。このペースならば、海の生物が絶滅する可能性はあるのですよ。
そして、人類の活動による環境破壊や戦争が、ゆらぎを決定的なものにし、アポトーシス（自己破壊）が激しくなるのです。
アポトーシスという自己破壊により、すべての生物は圧倒され、淘汰され、地球はさらなる進化に向かおうとするのです。

ウクライナで戦争がスタートして3年たちますが、ウクライナの戦死者は3万人と言われています。

そしてね。日本でも、戦争は起こっているのですよ。

日本国内の年間自殺者数は、認定自殺が2万人。推定自殺は3万人。失踪者は8万人です。アポトーシス（自己破壊）は、心の中でも起こっているのです。

しかしね。アポトーシスだけではないのですよ。

シンビオーシス（共生）があるのです。

シンビオーシスは、バラバラだった個を調和させ、一つにまとめ、共に生きようとさせるのです。

そして、**人類の歴史上、シンビオーシスをもっとも達成した民族は、日本だったのですよ。**

その秘密は日本語の持つ力、ことだまにあるのです。

日本語は、純粋な母音によって構成されており、自然に対する感性を、言語を司る左脳で認知するのです。

また、日本語が発する言葉は、ことだまといって、世界に反応するのです。

地球のすべてを、菌が覆っていると言いましたね。人間の身体の中も、ほとんどは菌だといわれています。

私が長らく行った実験結果ですがね。ことだまは、菌とコミュニケーションできるのですよ。

日本語は、すべての生物と、時空を超えて共感できる力を持っているのです。

儀式――今こそ、世界を一つにする時――

満月のもと
音楽を奏でるケルマ楽団
クリスタルワンドを振りかざす青いターミネーター
踊る加賀屋さん

舞を踊るヒミコガールズ（特別参加）
月が映った盃を、両手に持つたっぺん。

咆哮するケルマさん
「時は来た！
今こそ、世界を一つにする時だ！
世界中の、飢えて死んでいく子どもたち。
戦争によって、人生を台無しにされる人たち。
恐ろしい苦痛を味わう人たち。
力によって死に追いやられる弱い立場の人たち。
もう、こんな悲しい世界はごめんなのだ！
このことを考えるだけで、私の血圧は１８０になるのだ！
私の怒りは、収まることがない！
愛だの光だの、そんな上っ面のきれい事なぞ、どーでもいい！
戦争をやめろ！
弱いものいじめをやめろ！」

たっぺん
「争いをやめなさい
争いをやめなさい
争いは、もう終わりです」

戦争や飢餓で苦しむ子どもたち
泣き叫ぶ母親
荒廃していく大地

「私たちは……
兄弟です
私たちは
姉妹です
私たちは
親子です」

涙を流すたっぺん
「私たちは、家族なのです」
世界に、ことだまが浸透していく

……私たちは兄弟　私たちは姉妹　私たちは親子　私たちは家族……

盃を飲むたっぺん
盃を飲むシャイニング
盃を飲むレディース
盃を飲む魔女たち
盃を飲む母子会の女性たち

驚くビー坊
「あっ！　あっ！　あっ！……
シュレーディンガー・メーターが！……

上昇していく！」

たっぺんが静かに語る
「私たちは地球人……」

その背後に、大きなヒミコさんが重なる

言霊が世界に浸透していく
「私たちは、地球人なのです……」

振り切れるシュレーディンガー・メーター！
光り輝く地球
武器を手放し、呆然とする世界の兵士たちのシルエット
うずくまり、涙を流す兵士たちのシルエット
両手で地球を包み込むヒミコさん
……私たちは　地球人なのです……

ケルマさんが言いました。
「みんな、共に生きるのだ……」
それは、目に見えない領域で起こっていったのでした。
世界は、不思議な安らぎに包まれていったのです。

赤ん坊

「一説によれば、盃とは乳房を意味し、飲み物を初めて口にする形ともいわれる。
みんながおっぱいを飲むから、兄弟姉妹、家族になるのだ。おっぱいとは、人類共通の原体験なのだ」
「そ、そうなんだ……」
「なぜなら、人類はまだ、これから生まれてくる赤ん坊だからだ。

じつは、日本の旗である日の丸は、

赤ん坊を意味しているという説があるのだよ」

「日の丸が赤ちゃんですかい？　太陽だよね？　日出づる国って意味の」

「太陽の意味だけではないらしい。日の丸とは、赤ん坊を意味するという説があるのだ」

「えっ？」

「新生児を赤と表現する民族は、日本だけなのだ。

神道を調べていくとだね。人類はまだ、これから地球人として生まれてくる赤ん坊であり、神々が守り、育ててきてくれたというのだ。

そして日本は、地球人を生み出すための、旗印となる場所だといわれている。

それが、日の丸なのだ。

我々はまだ、この世界のことをなにも知らない、赤ん坊なのだよ。

だから、共に生きるのだ」

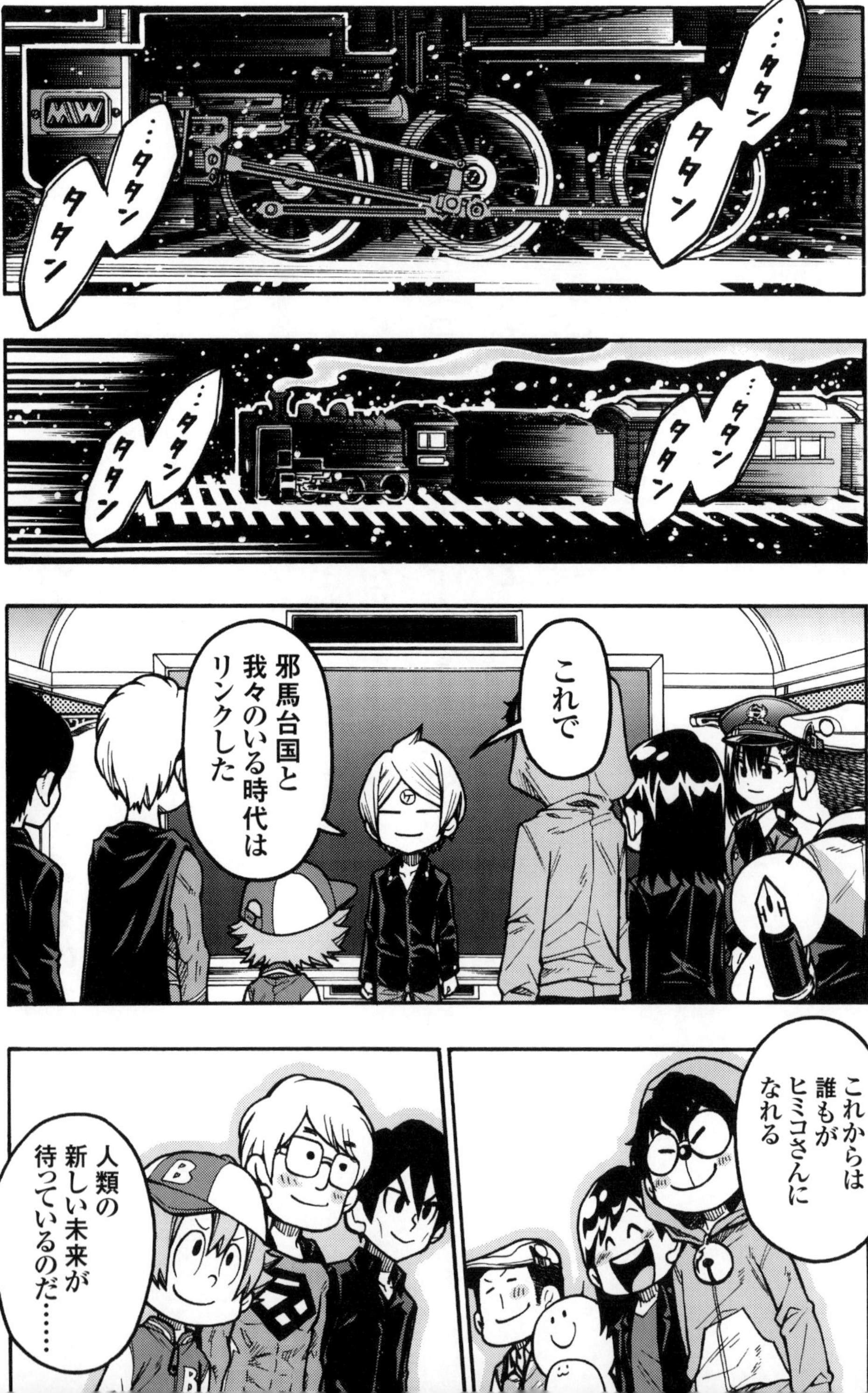

…タタンタタン
…タタンタタン
…タタンタタン
…タタンタタン
これで
邪馬台国と我々のいる時代はリンクした
これからは誰もがヒミコさんになれる
人類の新しい未来が待っているのだ……

コツ…
みなさんはミッションを果たしました
おめでとうございます
本当にありがとうございました
これよりこの超時空鉄道MIWは
みなさんの時空へと帰還致します！
やった〜!!
よかったよかった!!
これで僕たちの世界へ帰れるんですね！
わっ!!
おいらたちがんばった！
みんなもがんばったよ!!

そうと決まれば この列車で 最後の思い出 作りません!?
食堂車で 打ち上げ!
パァしっと!!
いいね!
行こう 行こう!!
わい わい
今日は 夜通し 宴会だーっ
宇宙はずっと 夜ですけどね
わい
いいから いいから~!!
あれ? リタは 来ないの?
ギクッ
えっ! その 私は……
まだすることが 残ってます から-……
し…ん
…タタン タタン
…タタン タタン
……ねぇ
君は これから どう するの……?

……
私は……
ねぇ リタ……
…タタン タタン
…タタン タタン
おいらたち 一緒に 行こうよ……
どこまでも どこまでも 一緒に行こう どこまでも どこまでも……
おいらたちと 一緒に 進んで 行こうよ……!!
ス…
ビー坊さん
私は ずっと
あなたと 一緒に いますよ

ありがとう……
ねぇ ビー坊さん 目…… つむって？
……え……？
こ…… こう かな……？
ス…

ガバッッ!!
パチッ!!
!!!
…あれ…?
リ……
リタ……!?
バッ!
カラッ!!

ガコッ!
リ……
リタぁあああああっ!!!!

「ケルマさん……リタは行っちゃったよ」
「……そうか」
「ケルマさん、リタは幸せなのかな？　これでいいのかな？……
……この列車は、何なんだよ⁉　ＥＣＣＯって、いったい何なんだよ⁉」
ケルマさんは、こう答えたのでした。
「神秘学によると、人類は何回も誕生し、滅びたらしいのだ。
そして一部には、地球人へと進化した人々もいたというのだよ。
彼らは時空を超えた存在となり、異次元世界の存在となったという。
ＥＣＣＯとはそんな、我々の先達者なのだよ。

人類は今、進化の分岐点に来ている。
しかし、能率と効率を基本とするＡＩが進化した世界では、感情が欠落してしまう。
つまり感情のない世界だ。
人類の持つ能率の悪さや不完全さ、対立は、さまざまな感情を生み出すのだね。
人間の持つ喜怒哀楽の感情は、生きる喜びだと私は思うのだよ。
リタは人間として、君と共に喜び、共に悲しんだのだ。

幸せだったと思うよ。
サンスクリット語で、宇宙の法則のことを、《リタ》というのだ。
リタとは利他、つまり他者を思いやる心だな。
他者を思いやる心。素晴らしいじゃあないか」

ビー坊

タタンタタン……タタンタタン……超時空列車が、宇宙を疾走します。
ビー坊は、次第に光が増しつつある窓の外を眺めていました。
……この世界は、おいらの知らないことばかりだ。多次元宇宙も、ＥＣＣＯも……。
ふとビー坊は、思い直して声に出したのでした。
「いや、おいらだけじゃあないよ。どんなにエラい先生でも、この世界のことは、まだ、なんにもわかっちゃあいないんだ。知ったふりをしてるだけなんだ。
おいらたちは、まだ赤ん坊みたいなもんなんだよ」
目の前に光が溢れる直前、ビー坊はこう言ったのでした。
「これからなんだ。みんな、一緒に生きるんだ」

おわり

新装版のためのおわりに

フィクションとは、パラレルワールドの一つだと、私は考えているのです。

そして、このマンガはパラレルワールドについて語っているのですよ。

ならば、旧版『超常教室ケルマデック』のパラレルワールド・バージョンも、ありだよね。

私は中学生の頃、映画「さらば宇宙戦艦ヤマト」のラストで自爆するヤマトに、悲しみの涙を流したのでした。しかし！　テレビ版では自爆せずに、その後も次々と、ヤマトシリーズは製作されていったのです。

当時の私は激しく怒り狂ったのでした。

……感動を、返せ……

しかし、今では私も大人になりました。パラレルってても、ぜ～ん然ＯＫ！

旧版『超常教室ケルマデック』では、坂本龍馬さんに地球人覚醒をがんばっていただいたのですが、今回は、ヒミコさんに活躍していただきました。
私はね、今のこの世界には、ヒミコさん的な存在が必要だと、感じているのです。
情報が混乱し、話し合いもややこしく、対立した世界を一つにまとめるのは、ヒミコさんのような強力な共感力を伴うテレパシーしかないと、私は考えているのです。
この世界を安心でつつむためには、テレパシー能力の覚醒しかないのです。

現代人が1日に受け取る情報量は、江戸時代の人が受け取る1年分の情報量に相当するらしいのですね。どうやら、これは誇張ではなく、真実みたいです。
現代人は、情報の海の中で毎日溺れそうですな。何が真実かも、わからない状態だね。
情報量が過剰です。自覚がないかもしれないが、これは大変なストレスだよ。
目が見えなくなってしまった人は、他の感覚器官が鋭敏になり始めるという現象があるのです。これを異種感覚間可塑《かそ》性というらしいのだよ。
これと同じように、もし、ネットがダウンしたら。あるいは、ネットの情報に対して不信とストレスが高じていき、情報を拒絶し始めたならば……。

人類には、新しい認知革命が起きてくるだろうと、私は推測するのです。
簡単にいえば、テレパシーですな。

「またケルマさん、変なこと言ってるな」と、みんな思うかもだがね。気づいている人たちはいるんじゃないかな。特に、敏感な女性たちや子どもたち、マーマーガールたちは。
人類はまだ幼い進化の途上で、いよいよテレパシーの覚醒が始まるのです。

そのためには、ヒミコさんの力を思い出すことが必要なのですよ。
もともと日本が持っていた「ことだまのちから」を思い出すのだ。

2025年2月3日　立春の日に

ケルマデック

ケルマデック

どの団体にも所属せず、一切の権威を持たない超常戦士。自分自身で経験し、確認することが重要だと考えるセルフメイドマン。実験や検証をして確認した、さまざまなテクニックを駆使して、人生の可能性を拡大するための独自のセッションを、40年近く行なっている。農業関係者と協力しあい、各地で農業フォーラムを開催。また、「死」を受容するためのフォーラムも行なう。音楽家やイラストレーターとしても活動しており、各地でコンサートや個展を行なっている。最終学歴、自動車学校卒。中二病。

著書に『ことだまのちから』『時空を変える設定にオン!』『すばらしきUFO・銀河連合・アセンションのひみつ』(ともに徳間書店)、『超常戦士ケルマデック』(M.A.P.出版)、『異次元とつながる本』(総合法令出版)、『地球統合計画NEO』(エムエム・ブックス)などがある。

たっぺん

石川県金沢市出身。週刊少年ジャンプ(集英社)連載作品をはじめ、さまざまな商業漫画雑誌でのアシスタント修業を経て独立後、マンガ・イラストレーターとして、作家活動を開始する。ケルマデック氏の著書では、『すばらしきUFO・銀河連合・アセンションのひみつ』(徳間書店)、『超常戦士ケルマデックCDブック』(マキノ出版)、『パラレルワールドの歩き方』(総合法令出版)など、多数の書籍の挿絵を担当。また、書籍内のマンガを担当した作品に、『人生最後の日にガッツポーズして死ねるたったひとつの生き方』(ひすいこたろう著、A-Works)、『1分彼女の法則』(ひすいこたろう、大嶋啓介、白鳥マキ著、フォレスト出版)などがある。

カバー画・本文マンガ・イラスト　たっぺん
装丁　三瓶可南子
編集　豊島裕三子

本書は2021年に発売された『超常教室ケルマデック』を
大幅に加筆、修正したリニューアル版です。

日本人のスゴイちから
超常教室ケルマデック【パワーアップ版】

第1刷　2025年3月31日

著者　ケルマデック
マンガ　たっぺん
発行者　小宮英行
発行所　株式会社徳間書店
〒141-8202 東京都品川区上大崎3-1-1 目黒セントラルスクエア
電話　編集(03)5403-4344／販売(049)293-5521
振替　00140-0-44392
印刷・製本　株式会社広済堂ネクスト

Printed in Japan
ISBN978-4-19-865961-5

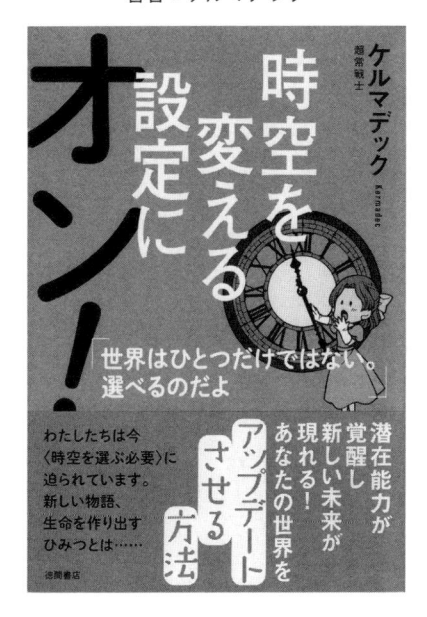

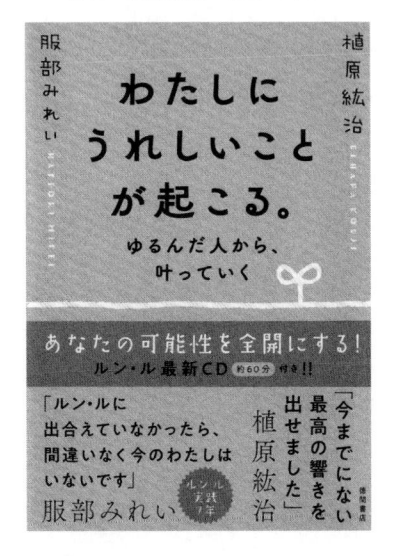